VIE

DE MIRABEAU

PAR

A. MÉZIÈRES

DE L'ACADÉMIE FRANÇAISE

PARIS

LIBRAIRIE HACHETTE ET Cⁱᵉ

79, BOULEVARD SAINT-GERMAIN, 79

VIE DE MIRABEAU

OUVRAGES DU MÊME AUTEUR

PUBLIÉS DANS LA BIBLIOTHÈQUE VARIÉE

PAR LA LIBRAIRIE HACHETTE ET Cie

Shakespeare, ses œuvres et ses critiques : 4e édit. 1 vol.   3 fr. 50

Prédécesseurs et contemporains de Shakespeare ; 3e édition. 1 vol. . . . .   3 fr. 50

Contemporains et successeurs de Shakespeare, 3e édition. 1 vol. . . . .   3 fr. 50

> Ces trois ouvrages ont été couronnés par l'Académie française.

Hors de France : Italie, Espagne, Angleterre, Grèce moderne ; 2e édition. 1 vol. . . . .   3 fr. 50

En France : XVIIIe et XIXe siècles ; 2e édition. 1 vol. . . .   3 fr. 50

Vie de Mirabeau ; nouvelle édition. 1 vol. . . . .   3 fr. 50

Coulommiers. — Imp. PAUL BRODARD.

VIE

DE MIRABEAU

PAR

A. MÉZIÈRES

DE L'ACADÉMIE FRANÇAISE

PARIS

LIBRAIRIE HACHETTE ET Cie

79, BOULEVARD SAINT-GERMAIN, 79

1892

AVANT-PROPOS

Je dédie ce livre à la mémoire de mon excellent ami et confrère, M. Louis de Loménie. J'ai été le témoin, quelquefois le confident de ses travaux. Personne ne poussait plus loin que lui les scrupules de l'historien et le souci de la vérité. La sûreté de ses informations donne à ses études sur Beaumarchais et sur les Mirabeau un prix inestimable. On peut considérer ce qu'il a écrit sur ces deux sujets comme une œuvre définitive.

Dans la pensée de l'auteur, *les Mirabeau* n'étaient qu'un travail préparatoire, le commencement d'une étude approfondie sur le célèbre orateur dont il n'est guère possible de comprendre le génie tourmenté si on le sépare de sa race, de sa famille, du milieu dans lequel il a grandi, de l'influence qu'ont pu exercer sur lui certaines fatalités héréditaires et la contagion de certains exemples.

M. Louis de Loménie venait de mettre la dernière main à cette grande préface, il allait aborder

le sujet principal de ses recherches, lorsqu'il fut
frappé prématurément, en pleine activité de travail et en pleine vigueur d'esprit. Son fils,
M. Charles de Loménie, a repris l'œuvre paternelle au point où elle en était restée. Les matières
étaient distribuées par ordre, des milliers de documents choisis et classés. Restaient un travail
délicat de contrôle et un travail non moins délicat
de rédaction qui appartiennent en propre au
nouvel historien, qui ont exigé de lui plusieurs
années d'efforts et dont il est récompensé par le
très grand mérite de sa publication [1].

Il disposait, comme son père, de documents
inédits dont l'authenticité est incontestable, qui
viennent de la source la plus sûre, que sa famille
doit à des relations personnelles d'amitié avec les
descendants de Lucas de Montigny, fils adoptif et
unique héritier des papiers de Mirabeau. Le
temps ne pouvait ni enlever à M. Charles de Loménie la possession de ces manuscrits, ni en
diminuer la valeur.

A un autre point de vue encore, M. Charles de
Loménie héritait d'une situation privilégiée. Les
documents dont il se sert ont été confiés à son père
sans conditions. Il n'est tenu de ménager aucun
amour-propre de famille. Les héritiers de Mirabeau,
qui ne portent point son nom, témoignent, au sujet
de sa renommée, d'une grande liberté d'esprit.

1. *Les Mirabeau*, 5 vol. in-8°. Dentu, 1891.

On ne demande au biographe aucune de ces atténuations de complaisance, aucune de ces précautions oratoires que la gratitude ou la simple convenance impose aux détenteurs de manuscrits lorsqu'ils en doivent la communication à des familles très entichées de leur gloire, très jalouses du bon renom de leurs ancêtres. M. Charles de Loménie n'éprouve aucun scrupule de ce genre, il n'a souci que de la vérité. Nous lui devons donc, non pas un panégyrique, mais une histoire de Mirabeau, véridique, impartiale et complète.

C'est son œuvre qui a servi de base à mon travail. J'ai également consulté avec fruit ce qu'ont écrit sur le même sujet MM. Albert Sorel, Aulard, Georges Guibal, Pallain et Flammermont, surtout la très exacte biographie de Mirabeau qu'a publiée à Berlin, en 1889, M. Alfred Stern, professeur à l'École polytechnique de Zurich[1].

Outre la supériorité que lui donne la possession de nombreux documents inédits, M. Charles de Loménie a un avantage : il arrive le dernier, il contrôle et il complète l'œuvre de ses prédécesseurs.

Je n'ai rien changé au fond des choses, tel qu'il a été établi par lui. J'ai pensé seulement que, mêlé depuis bien des années déjà à la politique active, ayant l'expérience des Assemblées, j'étais

1. *Das Leben Mirabeaus*, Siegfrid Cronbach. Berlin, 1889.

peut-être en mesure de démêler quelques mobiles cachés des actions humaines, quelques ressorts des événements qui auraient pu échapper à la sagacité des historiens spéculatifs.

L'histoire d'ailleurs est comme la nature. Sans altérer les faits, chacun de nous a le droit de s'en faire une image personnelle, comme le poète idéalise le paysage qu'il a sous les yeux, comme le romancier transforme le caractère que lui présente la réalité. Le spectacle du monde nous apparaît toujours un peu à travers nous-mêmes. Nous ne modifions pas ce qui existe; mais notre tempérament, notre éducation, nos idées acquises nous le montrent sous des aspects divers. Il n'y a pas un événement historique, si bien établi qu'il soit, qui ne puisse inspirer aux esprits les plus scrupuleux, les plus attachés à la vérité, des impressions différentes.

J'ai surtout cherché à être vrai, à comprendre, dans sa complexité pleine de surprises, le génie le plus extraordinaire que la Révolution ait produit avant Bonaparte. Je m'estimerais heureux si le portrait que j'en ai tracé paraissait ressemblant. La ressemblance n'est pas la seule qualité que doive poursuivre le peintre; elle est cependant essentielle. Partout où elle manque, aucun artifice du talent ne réussit à la remplacer.

VIE DE MIRABEAU

CHAPITRE I

LE MILIEU

I

Non seulement dans l'histoire de France,
mais dans l'histoire du monde moderne,
aucune année n'a été plus remplie d'événements et de contrastes que l'année 1789.
C'est là ce qui en fait une époque unique
dont le souvenir restera ineffaçable dans la
mémoire des hommes. Sans même parler de
l'action des idées dont toute l'Europe a res-
senti, quoi qu'on en dise, le contre-coup,

jamais tant d'émotions ne se sont accumulées en un si petit espace de temps.

La nation qui sans en mourir a passé si rapidement par cette suite de crises, prend aux yeux de l'historien désintéressé des proportions gigantesques. Comment l'âme humaine peut-elle contenir à la fois tant de raison et tant de folie, tant d'espérances et tant de colères? Comment surtout peut-elle résister au choc successif de sentiments si violents et si contraires? La merveilleuse souplesse de notre race, la vitalité de la France se montrent là dans toute leur plénitude.

Et cependant, il est facile de démêler dès le début, au milieu de toutes les exubérances de la vie la plus intense, un germe de mort. Rousseau a fait pénétrer dans les veines de cette société du xviiie siècle, dont il a été l'idole, le plus subtil des poisons, un élément morbide que ne connaissait pas la sagesse du xviie siècle : l'excès de la sensibilité. Quoiqu'au fond les cahiers des États généraux dénotent dans l'ensemble de la nation un état d'opinion très réfléchi et très sain, au moment où l'on va passer du raisonnement à l'action, cette justesse d'esprit est tout de suite obscurcie par une sorte d'ivresse généreuse, par une disposition à l'enthousiasme et à l'illusion qui changent les proportions des choses. La vie n'apparaît plus telle qu'elle est, hérissée de difficultés et d'obstacles, exigeant de chacun de nous une longue suite d'efforts. Il semble que d'un coup de baguette quelque enchanteur aura tout à l'heure la vertu de transformer du haut en bas la société tout entière.

Le mois de janvier 1789 s'ouvre ainsi avec des perspectives infinies de bonheur, par des témoignages unanimes d'allégresse; on dirait que le souvenir des anciens griefs disparaît déjà dans le lointain du passé. L'âge de fer est clos, l'âge d'or commence pour la nation. Une parole du roi opère ce prodige. Il ne se contente pas d'annoncer la convocation des États généraux depuis si longtemps promise, il annonce que la représentation du tiers état y sera doublée. Le peuple enfin va pouvoir nommer ses représentants, obtenir par eux les réformes qu'il réclame.

Une explosion de joie générale répond à la proclamation du roi, affichée sur les murs de Paris. « Les clubs illuminent, des courriers sont expédiés en toute hâte pour porter la bonne nouvelle aux provinces; on remet l'imprimé par paquets aux premiers voyageurs qu'enlèvent les diligences, ils le sèment sur leur chemin; les multitudes s'amassent autour d'eux, les questionnent; ils jettent au passage ces mots qui ne sont nulle part une énigme pour elles : « Voici le résultat du con-« seil, Doublement du tiers! » Et partout des fêtes s'improvisent [1]. »

A Nantes, les portefaix affamés et sans tra-

______

1. *L'An 1789*, par M. Hippolyte Gautier. Delagrave.

vail qui avaient envahi l'hôtel de ville, se retirent en apprenant les nouvelles de Paris comme si le doublement du tiers les guérissait de leur misère. A Rennes, par une nuit glacée, les habitants ouvrent leurs fenêtres en criant : « Vive le roi! » allument des fusées et descendent dans la rue pour former des danses. De l'Orléanais, on envoie à Louis XVI des bénédictions et des protestations d'amour. A Grenoble, on pleure d'émotion; dans une lettre adressée au souverain, les États parlent de leurs larmes d'attendrissement et de leurs transports de joie.

Ces termes excessifs indiquent une sorte de maladie morale, une disproportion choquante entre la réalité des faits et les sentiments qu'ils excitent. Pour ces imaginations émues, la vie ressemble trop à un drame de Diderot ou à un tableau de Greuze. On est trop facilement, trop constamment touché. On craint de paraître froid si on n'exprime pas des passions, incolore si on n'en exagère

pas l'expression. Les scènes d'attendrissement ne font que commencer; elles se repro-
duiront à satiété, pendant les années de la
Révolution. Ce qui en montre le caractère
superficiel, ce qui prouve qu'au fond elles
ont moins de prise sur les âmes qu'elles ne
paraissent en avoir, c'est qu'elles vont bientôt
alterner avec les scènes de carnage. Un
peuple qui resterait plus maître de lui, qui se
posséderait mieux, serait assurément moins
sensible, mais en revanche il deviendrait
moins facilement cruel.

En repassant cette dramatique histoire, nous
allons donc nous heurter tout de suite à un
défaut de date récent en France, à un manque
de mesure que ne faisait guère prévoir le goût
si assuré du siècle précédent. Ce sera, sinon
l'excuse, du moins l'explication de bien des
fautes et de bien des crimes. La sensibilité
trop excitée passe d'un extrême à l'autre.
L'homme qui a trop compté sur le bonheur,
qui attend trop de la vertu ou du talent de

ses semblables, rabaisse ensuite ceux-ci au-
dessous de leur mérite, lorsqu'il s'aperçoit
qu'il s'est trompé sur leur compte. Il leur en
veut des espérances gratuites qu'il mettait en
eux, de la déception qu'ils infligent à sa crédulité.

Ajoutons, pour être juste, que cet homme
a beaucoup souffert; il appartient à une race
qui attend depuis des siècles l'heure de la
délivrance. La monarchie lui a donné la
sécurité du territoire et l'unité de la patrie.
C'est beaucoup, sans doute, mais est-ce là
tout ce qu'un sujet peut attendre d'un gouvernement séculaire? Qu'a-t-on fait pour son
instruction, qu'a-t-on fait pour son bien-être?
Comment a-t-on satisfait chez lui ce besoin
d'égalité que le christianisme développe dans
les âmes? Où trouve-t-il une société qui réa-
lise pour lui ce rêve de la justice si naturel
aux créatures humaines?

De quelque côté qu'il considère l'édifice
social, il n'y voit que l'organisation de l'iné-

galité. Sur vingt-cinq millions d'âmes, trois ou quatre cent mille privilégiés se partagent les dignités, les grades, les honneurs, les traitements lucratifs, les pensions et les sinécures, en ne laissant au reste de la nation que le sentiment amer de la dépendance et le poids réel des charges.

Cette situation, courageusement supportée pendant des siècles, est devenue insupportable pour un peuple plus éclairé qu'autrefois, auquel s'offrent d'ailleurs des sujets de comparaison, qui commence à jeter un regard au delà de ses frontières sur la Constitution anglaise et sur la liberté américaine.

Il a raison de vouloir des réformes et de réclamer des droits, il a tort de croire qu'il les obtiendra tout de suite, qu'il suffira d'un jour pour reconstruire sur de nouvelles bases la société tout entière. Les premiers malentendus, les premières violences de la Révolution viennent de là. Le peuple, las de souffrir, n'accorde aucun moment de répit à ceux qui

le gouvernent; la royauté, la noblesse, le
haut clergé, tout en reconnaissant la nécessité
du changement, tout en se résignant même à
des sacrifices volontaires, pensent qu'il sera
toujours assez tôt pour y consentir. Le temps
n'a pas le même prix pour les uns que pour
les autres. Chaque fois qu'un moment d'arrêt
se produit dans la marche en avant, les hautes
classes y perdent le bénéfice des résolutions
les plus généreuses. On ne voit plus l'intention qui est bonne, on ne voit que le retard
qui prolonge les souffrances.

Le 1er janvier 1789, l'enthousiasme, la reconnaissance et l'admiration pour la bonté du roi débordent dans les provinces. Un médaillon très répandu représente la figure de Louis XVI rapprochée de celle de Henri IV et de Louis XII, les deux seuls souverains qui aient laissé un souvenir populaire. Le retour de Necker et l'influence heureuse qu'on lui attribue sont pour beaucoup dans le réveil d'une popularité que Louis XVI a déjà connue, mais que des ministres décriés ou détestés lui ont fait perdre. Conserverat-il cette fois définitivement la faveur qui lui revient?

L'heure est décisive pour l'avenir de la monarchie. Dans les premiers jours de 1789, le pays ne menace pas encore une forme de gouvernement depuis si longtemps consacrée. Peu de personnes entrevoient la ruine de la royauté, bien moins encore la désirent. Sur cette vieille terre monarchique, au milieu du discrédit des pouvoirs publics, le roi, qui pendant un si grand nombre d'années a été tout, reste seul, entouré de respect, capable de retenir, s'il le veut, les suffrages de l'opinion. Mais comme la reine et la cour n'inspirent que la défiance, il ne conservera la faveur publique qu'à la condition d'écarter des affaires ceux qui lui tiennent de plus près.

Voilà les difficultés dans lesquelles va se débattre un prince excellent, mais d'un esprit borné et d'un caractère faible. Il a contre lui une première mauvaise chance, le terrible

hiver de 1789. La Seine, la Loire, le Rhône,
la Garonne sont gelés, la mer se prend le
long de nos côtes sur une largeur de deux
lieues, le bassin de Marseille est fermé par
les glaces. Des milliers de personnes meurent
de froid sur les routes, dans les villages, dans
les villes, surtout à Paris. Les moulins s'arrê-
tent. Les approvisionnements n'arrivent plus.
Le gouvernement croit bien faire en achetant
des blés pour les revendre à bas prix aux
consommateurs; cette étrange conception économique qui eût fait frémir Turgot, aggrave
le mal au lieu de le guérir. Ce sont des spé-
culateurs qui achètent à bon compte les
grains de l'État et qui les revendent à des
prix élevés. Les ministres eux-mêmes, par
les mesures qu'ils prennent, par les déclarations qu'ils publient, décrètent en quelque
sorte la famine. La panique se répand dans
les provinces. Les particuliers qui ont de
l'argent prennent peur, accaparent le blé pour
n'être pas exposés à en manquer et affament

à leur tour leurs voisins moins riches ou moins prévoyants. En mars et en avril la disette commence, au mois de mai des troubles éclatent; les populations se soulèvent en demandant du pain.

Au milieu de ces troubles le roi n'est pas personnellement mis en cause; on ne le rend pas responsable de la misère publique. Seulement il se glisse partout dans les esprits une disposition à l'inquiétude et à la défiance bien différente des sentiments qu'exprimait la nation au mois de janvier précédent. Rien n'est encore perdu, tout peut être sauvé si la réunion des États généraux répond aux espérances qu'elle éveille.

Ici, par exemple, toute faute nouvelle serait difficilement réparable. Qu'on se représente l'impatience universelle, l'anxiété avec laquelle l'immense majorité de la nation attend des réformes immédiates, la nécessité de remédier sans délai à des abus qui ne trouvent même plus de défenseurs. On peut être assuré d'avance que la moindre lenteur exaspérera l'opinion déjà très excitée. Le roi paraît le comprendre. La procession du 4 mai à laquelle sont venus assister beaucoup de Parisiens, se déroule avec un recueillement majestueux devant un public pénétré d'émotion. C'est bien la fête de la réconciliation et de la concorde. Les représentants des trois ordres, les délégués de la France nouvelle s'y rencontrent solennellement au pied des autels avec les représentants de la vieille monarchie : le roi, la reine, les princes du sang, les grands dignitaires de la couronne. Le lendemain, Louis XVI ouvre lui-même les États généraux, en prononçant un discours pathétique qui produit sur les députés la plus favorable impression.

Malheureusement ces beaux jours ne durent pas. Une querelle très grave éclate tout de suite entre les trois ordres sur une question que le souverain n'a pas voulu trancher, qu'il a laissée à la décision de l'Assemblée.

Les trois ordres délibéreront-ils séparément?
Votera-t-on par tête ou par ordre?

Sur ce point le tiers ne peut transiger. Il a pris presque partout des engagements envers ses électeurs. C'est d'ailleurs pour lui une question de puissance. Le vote par tête lui assure la majorité, le vote par ordre la lui enlève. Il agit en connaissance de cause, avec le sentiment de sa force, se sachant soutenu par vingt-cinq millions d'hommes contre les représentants d'une poignée de privilégiés. Dès le soir du 5 mai, il décide de ne rien voter qu'en assemblée générale. Les deux autres ordres prennent des résolutions contraires, la noblesse par les quatre cinquièmes des votants, le clergé à quelques voix de majorité seulement.

Voilà donc la lutte engagée. Pour en sortir vainqueur, il suffit au tiers de garder ses positions et d'attendre. Il se réunit tous les jours dans la salle commune, dans la salle des séances publiques, il parle devant les tribunes qui l'applaudissent, mais il ne vote rien. Il témoigne ainsi de sa résolution de travailler en dénonçant au pays la mauvaise volonté de ses adversaires. Si les travaux de l'assemblée ne commencent pas, malgré le vœu de la nation, l'opinion publique connaîtra et désignera bientôt les vrais coupables. Elle les désigne, en effet, avec violence. La noblesse et le clergé, déjà peu populaires, sont accusés en termes insultants de rendre inutile la convocation des États généraux, de paralyser tous les efforts que tentent les gens de bien pour remédier aux maux de la patrie.

Le bas clergé, les curés de campagne, particulièrement, qui sont plus rapprochés du tiers par leur origine et qui partagent ses sentiments, se détachent les premiers de leur ordre pour se réunir à leurs collègues dans la salle commune. C'est grâce à eux que l'Assemblée nationale peut se constituer. L'évêque de Versailles le rappelait dernièrement avec raison. On ne devrait jamais oublier la part qui revient au clergé dans les commencements de la Révolution. Ce n'est même plus seulement une fraction du clergé, c'est la majorité de l'ordre (149 voix contre 135) qui décide le 19 juin qu'elle siégera en commun avec les représentants du tiers.

On connaît les scènes qui suivent, la fermeture de la salle des États, le serment du Jeu de Paume, l'intervention imprudente du roi pour maintenir la séparation des trois ordres, la démission offerte par Necker, la réponse de Mirabeau au marquis de Dreux-Brézé. Six semaines seulement se sont écoulées depuis la convocation des États généraux; dans ce court espace de temps, la destinée de la royauté se décide. Le 5 mai, elle gardait encore tout son prestige; le 20 juin, la popularité du roi est atteinte, celle de l'Assemblée grandit. Le prince lui-même en est réduit, non seulement à accepter, mais à ordonner cette réunion des trois ordres qu'il a d'abord interdite. Il reconnaît ainsi, et il consacre le pouvoir d'une assemblée dont le nom seul lui avait paru une atteinte à ses droits. « Je suis déterminé à tous les sacrifices, disait-il aux représentants de la noblesse qui lui conseillaient la résistance, je suis sans finances et sans soldats. »

III

Ces deux forces, en effet, lui manquaient. Il ne pouvait obtenir la première que de la bonne volonté des députés. Sur la seconde, on se faisait autour de lui des illusions qu'il ne partageait peut-être pas, mais qui devaient lui être aussi funestes que s'il les avait partagées. Tout en cédant momentanément à l'orage, la cour ne se considère pas comme battue par la représentation nationale. On fait venir des régiments sur lesquels on compte pour mettre à la raison les députés. Mais, dans ces moments de crise, lorsque les

esprits sont livrés à toutes les inquiétudes, il
est bien rare que l'instinct populaire ne devine
pas le danger. Celui-ci est tout de suite pressenti et aussitôt conjuré. A mesure que les
troupes traversent Paris, suisses, dragons,
hussards, artilleurs, sont comblés de caresses,
emmenés et fêtés au Palais-Royal, où on leur
demande s'ils auraient le courage de tirer sur
leurs frères. Les gardes françaises se distin-
guent entre tous par la chaleur de leur patrio-
tisme. L'autorité militaire essaye-t-elle de les
punir, la foule court à l'Abbaye, les délivre et
les porte en triomphe. Quelques jours plus
tard, les mêmes gardes françaises reçoivent à
coups de fusil les escadrons étrangers du
prince de Lambesc, qui chargent les Parisiens. Puis la population prend les armes et
s'organise en milices pour prévenir les désordres de la rue. Dès lors la garde nationale est
créée, le roi n'a plus d'armée et la Révolution
en a une.

A l'impuissance de l'armée royale correspond le déchaînement des fureurs populaires. Sans beaucoup de danger et sans beaucoup de gloire, on prend la Bastille sur laquelle on s'acharne avec une sorte de rage. La forteresse fait depuis longtemps horreur aux Parisiens ; elle les menace de ses canons, elle représente surtout pour eux ce qu'il y a de plus odieux dans l'ancien régime, le pouvoir arbitaire, les lettres de cachet, la condamnation des innocents, les longues tortures des détenus enfermés là sans jugement, sans recours possible, sans espoir de délivrance.

La prise de la Bastille exprime si bien une pensée d'affranchissement que dans toutes les capitales de l'Europe, la nouvelle en est reçue avec enthousiasme par les amis de la liberté. M. de Ségur raconte que, le jour où on la connut en Russie, des démonstrations d'allégresse éclatèrent publiquement. On voyait des personnes qui ne se connaissaient pas s'embrasser dans les rues pour se témoigner leur joie. La province imite Paris. Presque partout les forts, les châteaux occupés autrefois par les troupes royales, tombent entre les mains des milices bourgeoises qui s'organisent. Dans les campagnes, on ne sent plus nulle part le frein d'une autorité. Les haines particulières s'assouvissent impunément. On brûle et on pille les châteaux pour punir la noblesse de sa longue domination. Ce sont les rancunes accumulées depuis des siècles qui éclatent enfin sans obstacles, n'étant plus contenues par un pouvoir régulier. C'est dans tout le royaume une explosion de vengeance analogue aux passions sauvages qui soulèvent la population parisienne lorsqu'elle porte au bout des piques les têtes coupées du marquis de Launay, de Flesselles, de Foulon, de Bertier. D'après les dessins de Girodet, M. Hippolyte Gautier reproduit quelques-unes de ces scènes dans leur effrayante réalité.

L'Assemblée nationale, avertie par les nouvelles qui arrivent de province, comprend tout de suite la portée de ces mouvements populaires. Au fond, le paysan veut s'affranchir des redevances qui pèsent sur lui, du cens qu'il doit au seigneur, de la dîme qu'il doit aux ministres du culte. Apre au gain, dur à la fatigue, jaloux de posséder enfin cette terre qu'il cultive, il satisfait ses haines, mais il tient encore plus à la satisfaction de ses intérêts.

Pendant la nuit mémorable du 4 août, dans une heure d'entraînement réfléchi, avec une émulation réelle de générosité où entre une part de calcul, avec la secrète espérance que tant de sacrifices seront payés de retour, l'Assemblée accorde au peuple des campagnes et, par surcroît, à celui des villes l'abolition de tous les privilèges. A deux heures du matin, il ne reste plus rien du servage, de la féodalité, des dîmes, de la vénalité des offices, des jurandes et des maîtrises. Le régime sous lequel ont gémi si longtemps les populations laborieuses a disparu comme par enchantement. « C'est cette nuit, dit Camille

Desmoulins, qui a réintégré les Français dans les droits de l'homme, qui a déclaré tous les citoyens égaux, également admissibles aux dignités, aux emplois publics; qui a arraché tous les offices civils, ecclésiastiques et militaires à l'argent, à la naissance et au prince pour les donner à la nation et au mérite. »

Le 11 août, un décret de l'Assemblée nationale transforme en lois les résolutions généreuses qui ont été prises dans la nuit du 4. Le régime féodal a vécu. Malheureusement il est trop tard. Ce qu'on accorde au peuple, le peuple l'a déjà pris. On lui remet la dîme, il ne la paye plus, on le dispense des corvées seigneuriales, il s'en est presque partout affranchi; le seigneur renonce au droit de chasse et nul part ce droit n'est plus respecté; depuis plusieurs mois les forêts et les campagnes sont peuplées de chasseurs qui fusillent le gibier.

Quant au roi, rien ne le sauvera plus; il a eu beau accepter la mairie de Paris et

M. Bailly, la garde nationale et M. de la Fayette; il a beau rappeler M. Necker et se soumettre à toutes les décisions de l'Assemblée. Pour lui, aussi, il est trop tard. Il ne retrouvera pas la confiance de son peuple. Aucune puissance humaine ne le défendra plus contre l'impopularité croissante de la reine et de la cour dont l'opinion publique, par un reste d'attachement à sa personne, par respect pour la royauté, l'avait longtemps séparé. Pendant que Paris meurt de faim, les gardes du corps offrent à Versailles un banquet aux officiers du régiment de Flandre, la reine y assiste avec le dauphin et y entraîne le roi. On raconte qu'après leur départ, quelques-uns des convives ont arboré la cocarde blanche et foulé aux pieds la cocarde nationale. Des bruits de complot contre l'Assemblée recommencent à circuler. Il n'en faut pas davantage pour amener à Versailles ces bandes d'hommes et de femmes qui, le 5 octobre, vont y chercher le roi pour le conduire à

Paris. Là, il sera mieux surveillé, les précautions contre son entourage seront plus faciles à prendre. Déjà on parle tout haut de l'abdication du souverain et de la possibilité d'une régence.

Quelles réflexions ont dû traverser l'esprit de Louis XVI dans ce pénible voyage! Quel contraste entre l'enthousiasme respectueux dont il était l'objet neuf mois auparavant et l'attitude triomphante de la foule qui s'est emparé de lui comme d'un otage! En janvier, la nation l'acclamait comme le sauveur de la patrie; il semblait tenir entre ses mains les destinées d'un grand peuple. En octobre, il n'est plus que le protégé ou plutôt encore le prisonnier de ses sujets. Que de chemin, du reste, la France tout entière a parcouru en moins d'une année! Les comédiens français joueront le 1ᵉʳ janvier 1790 une comédie intitulée *le Réveil d'Épiménide à Paris, ou les Étrennes de la liberté.* C'est l'histoire d'un revenant du siècle de Louis XIV qui s'étonne

de trouver au bout de cent ans la capitale et
la nation si complètement transformées. L'auteur de cette piquante fiction n'aurait pas eu
besoin de faire revenir son héros de si loin.
Il suffisait d'endormir Épiménide au mois de
mai et de le réveiller au mois d'octobre 1789.
En sortant de ce court sommeil, il n'aurait
retrouvé ni la Bastille, ni la cour de Versailles, ni les trois ordres, ni les biens du
clergé, ni les couvents, ni les vœux monas-
tiques, ni aucun vestige des droits féodaux,
ni les Parlements, et, dans la garde nationale toute-puissante, il n'aurait guère reconnu
la vieille armée du roi. Comme l'écrivait
Mme de Staël à Gustave III : « Je me demande
si mille ans se sont écoulés depuis un an,
depuis un mois, depuis quinze jours ».

Tous ces prodiges se sont-ils accomplis sans
désordres, sans violence et sans crimes?
Hélas! non. Mais il est rare que les grandes
choses ne se payent point par des larmes et
par du sang. Dans cette œuvre gigantesque

de la Révolution si l'on doit regretter que les moyens employés n'aient pas toujours été honnêtes ni pacifiques, personne du moins ne méconnaîtra la rapidité et la grandeur des résultats.

CHAPITRE II

LA FAMILLE. — L'ÉDUCATION. — LA JEUNESSE

I

Un homme remplit de sa renommée et de sa gloire cette année extraordinaire ; c'est celui dont nous entreprenons de raconter l'histoire, c'est Mirabeau.

Pour bien comprendre son caractère, essayons d'abord de le replacer au milieu des siens, parmi les descendants de cette race dure, violente et inquiète qui vient peut-être d'Italie, peut-être simplement de Marseille, et qui a fini par porter jusqu'à Paris son originalité hautaine. Partout où ils passent, les

Riquetti ou Riquet, devenus Mirabeau, se font remarquer depuis un siècle par un air de singularité tranchante. D'après le propre témoignage de l'un d'eux, lorsqu'ils se présentent dans le monde, on s'attend toujours, de leur part, à quelque emportement ou à quelque saillie.

Auprès du berceau de l'enfant qui sera le comte Gabriel de Mirabeau, au château du Bignon, dans le Gâtinais, le 7 mars 1749, se pressent trois personnes, dont deux au moins exerceront sur sa destinée une influence décisive. D'abord, la grand'mère, Mlle de Castellane, la veuve de l'héroïque marquis Jean-Antoine, laissé pour mort au combat de Cassano, où toute l'armée du prince Eugène lui passa sur le corps, guéri contre toute attente, et si bien guéri qu'il eut depuis sept enfants. Dans la maison de son fils, la vénérable aïeule est entourée de tous les respects en même temps qu'elle y jouit d'une autorité incontestée. Seulement elle se

mêle peu au reste de la famille ; elle ne se
familiarise avec personne, elle tient à distance
ses petits-enfants aussi bien que les étrangers.
Les habitudes de piété austère qui l'absorbent
la rendent impropre au rôle d'éducatrice. Il
ne faut pas compter sur elle pour former le
caractère du jeune comte ; elle le verra trop
peu et de trop loin.

Le chef de la maison, le père de l'orateur,
était au contraire un éducateur passionné.
M. Louis de Loménie nous a fait connaître à
fond ce personnage extraordinaire, qu'on ne
connaissait guère auparavant que par le bruit
qui s'est fait autour de l'*Ami des hommes* et
par l'éclat de ses démêlés avec son fils. Nature
puissante, mais peu équilibrée, le marquis
de Mirabeau était plus capable de concevoir
et d'exprimer des idées que de les mettre à
exécution. Sa vie se consume en efforts que
les événements déconcertent. Son imagination a des visées grandioses et en même
temps systématiques auxquelles ne se plie

pas, en général, la nature des choses. Avant tout, et dès sa jeunesse, il est possédé du désir d'augmenter l'héritage qu'il a reçu de ses ancêtres, de laisser à ses descendants une grande situation sociale. C'est pour cela qu'il abandonne le service à vingt-huit ans, afin d'épouser une fille unique et une riche héritière, Mlle de Vassan. Malheureusement pour lui, la succession de Mme de Vassan se fit longtemps attendre; et, quand elle s'ouvrit, sa femme, brouillée avec lui, la réclama tout entière. Il eut donc tous les inconvénients d'un mariage mal assorti, sans en recueillir les avantages.

En 1749, au moment où naquit Mirabeau, le ménage n'était pas encore désuni. Onze enfants se succédaient même, comme pour témoigner, disait le marquis, « de la sorte d'attachement turbulent dont sa femme le faisait enrager ». Mais le caractère de Mlle de Vassan, son inégalité d'humeur, ses emportements, ses violences, le désordre de sa tenue et de sa toilette, détruisent peu à peu la paix du foyer domestique. Avec une femme pareille, le rêve du marquis, celui de consolider et d'agrandir sa maison, ne se réalisera jamais. La marquise ne sait se soumettre à aucune contrainte, obéir à aucun devoir, pas même s'assujettir à des heures de repas régulières. La présence de convives invités à sa table ne l'empêche pas de suivre sa fantaisie. Aucun souci des convenances, aucun respect de soi-même, le règne perpétuel du caprice et des orages, voilà le plus clair de la dot que Mlle de Vassan apporte à son mari.

Dans ses rêves d'agrandissement et de gloire, le marquis trouve au contraire, parmi les siens, le plus dévoué des auxiliaires chez son frère le bailli. Celui-ci joue le rôle de frère cadet avec une abnégation admirable : tout ce qu'il possède, tout ce qu'il acquiert, il le met sans compter à la disposition du chef de la famille, en y ajoutant les témoignages d'affection les plus délicats. Il aime les enfants du marquis comme s'ils étaient les siens. et ne s'occupe de sa propre fortune que pour travailler à la leur. Mais le service du roi ou celui de l'ordre de Malte le retiennent bien souvent loin de la France. Il ne pourra donc. comme il le voudrait, prendre sa part de l'éducation de son neveu.

II

C'est cependant ce neveu, cet unique héritier du nom, qui, avant la naissance d'un second fils, remplit presque complètement la correspondance des deux frères. Sa naissance a été accueillie par eux avec transports ; un premier enfant mâle était mort en bas âge par accident. Le comte Gabriel vint au monde un pied tordu et la langue enchaînée par le filet, mais dans des conditions de vigueur exceptionnelles, avec deux dents déjà formées, comme Louis XIV.

Sur cette tête allaient reposer désormais les

espérances d'un père et d'un oncle qui poussaient tous deux au plus haut degré le culte et l'orgueil de la race. Tout ce qui le concerne va prendre désormais entre les deux frères les proportions d'un événement. Ils éprouvent, pour commencer, à son sujet une première mortification. Jusqu'à lui, la race des Mirabeau a été remarquable par sa beauté. Celui-ci n'a point hérité des traits réguliers de ses ancêtres. Un accident l'enlaidit encore. Faute d'avoir subi l'opération alors fort redoutée de l'inoculation, il est atteint à l'âge de trois ans d'une petite vérole que sa mère ne sait pas soigner et qui laisse sur son visage des traces profondes. « Ton neveu est laid comme celui de Satan », écrit le marquis au bailli en 1754.

Des symptômes plus graves inquiètent le père. Il trouve dans son fils des traits de ressemblance frappante avec la famille de sa femme qu'il déteste. « Cet enfant, dit-il avec amertume, a la pourtraicture achevée de son

odieux grand-père, M. de Vassan. » Ces appréhensions ne sont que trop justifiées. Mirabeau
ne ressemblera pas seulement à sa mère au
physique, il lui ressemblera aussi beaucoup
trop au moral.

Il faut néanmoins faire de lui un homme.
Le marquis s'y applique avec un soin qui
pourrait paraître excessif si nous ne connais-
sions les habitudes systématiques de son
esprit et les projets ambitieux qu'il caresse
pour l'aîné de sa race. Il appartient à un
siècle où tous les problèmes de l'éducation
sont soulevés; lui-même professe sur cette
question des idées personnelles, et il élève son
fils d'après des principes qui font penser à
l'*Émile* de Rousseau.

D'abord, quoique sa fortune soit déjà
embarrassée et que la charge soit lourde, il le
confie à un gouverneur qui paraît avoir été
choisi de la manière la plus heureuse. Voici
le portrait qu'en fait le marquis, après cinq
ans d'expérience : « Un homme vraiment

supérieur par le maintien, l'esprit, et surtout le cœur, également propre aux grandes choses et aux moindres, maître dans tous les arts libéraux, né même avec cette sorte de talent qui comprend l'intelligence et l'exécution de tous les arts mécaniques,... un homme enfin que je n'ai pu trouver faible et intercadent sur rien et dont le cœur excellent s'est pris d'un attachement sans bornes pour moi. »

Avec un tel maître, l'esprit de l'enfant sera bien dirigé, peut-être même trop dirigé. Plus tard Mirabeau s'en plaignit souvent. Il semble qu'une main trop lourde ait pesé sur sa jeunesse pour en comprimer l'essor. C'était l'avis de l'excellent bailli, qui, dans une de ses rares visites, avait jugé le gouverneur et l'élève. « J'avoue, écrit-il, que Poisson m'a paru un homme de mérite; je crains cependant qu'il n'ait pas laissé assez de ce que les Italiens appellent *sfogo* aux saillies de l'esprit chaud de cet enfant, et qu'en le contenant, il n'ait pour ainsi dire encombré le fourneau. »

Si « le fourneau » avait été moins solide, il aurait pu en effet éclater. Mais la puissante organisation de Mirabeau résista à cet encombrement de matières, à l'accumulation de connaissances que l'imagination fumeuse du père et l'érudition solide du gouverneur entassaient à l'envi dans ce jeune cerveau. Il en tira même ce profit particulier, d'acquérir des notions de tout supérieures à celles de son âge, de ne se trouver plus tard dépaysé dans aucun genre d'études, et d'avoir appris de bonne heure à supporter sans fléchir une somme de travail extraordinaire. Par la fécondité et par l'activité de son esprit, Mirabeau sera bien le digne fils de son père. Au milieu des entraînements d'une vie dissipée, il écrivit presque autant et sur autant de sujets que l'infatigable *Ami des hommes*. « Si ma main était de bronze, disait le père, elle serait usée à force d'écrire. » La plume à la main, le fils lui tiendra tête sans jamais se lasser.

Le marquis ne peut méconnaître la précocité de cette belle intelligence. Il en est même quelquefois étonné. Le caractère de son fils, qu'il étudie de près, le surprend surtout par des inégalités dont on suit la trace dans les confidences qu'il adresse tantôt à Mme de Rochefort, tantôt à son frère le bailli. Un jour il est content de lui, il fait son éloge; le lendemain il le juge avec une extrême sévérité. En septembre 1759, il annonce que l'enfant « promet un fort joli sujet, n'ayant plus trace d'humeur, de bassesse ni de mensonges ». Un mois auparavant il écrivait à Mme de Rochefort : « L'aîné de mes garçons vendra son nom ». A mesure que Mirabeau grandit, les appréhensions du père augmentent.

Il y a surtout un moment difficile. C'est celui où l'excellent gouverneur Poisson ayant épuisé sa science, n'ayant presque plus rien à apprendre au jeune comte, il semble nécessaire d'éloigner celui-ci de la maison paternelle pour le préparer au service militaire, comme il convient à un gentilhomme de son nom et de sa race. « On ne le peut, écrit le marquis, ni lâcher ni tenir davantage. » Un autre serait naturellement envoyé à une de ces académies dans lesquelles la jeune noblesse se forme pour la guerre. Mais le marquis craint la liberté dont on y jouit, il cherche un moyen terme entre la vie de famille et l'académie. Après avoir essayé sans succès d'une maison particulière, il se décide à placer son fils dans une pension célèbre du temps, chez l'abbé Choquard, rue et barrière Saint-Dominique à Paris. Ce n'était point du tout, comme l'ont dit quelques biographes, une maison de correction. C'était, au contraire, une institution fort à la mode, où Mirabeau passa plusieurs années avec des étrangers de distinction, notamment avec les deux Elliot, dont l'un devint comte de Minto et resta son ami.

Chez l'abbé Choquard, on consacrait beaucoup de temps aux exercices militaires, mais

on ne négligeait pas la vie intellectuelle.
C'est là que, pour la première fois, Mirabeau
va être jugé par ses pairs. Il donne déjà de
lui une opinion analogue à celle que le monde
portera plus tard sur sa personne. « Tranchant dans la conversation, gauche dans ses
manières, disgracieux de tournure, sale dans
ses vêtements, par-dessus tout d'une suffi-
sance sans bornes. » Voilà la première
impression qu'il produit sur ses camarades.
Mais ce qui corrige, ce qui adoucit ce jugement, c'est que, malgré ces défauts exté-
rieurs, il y a en lui une irrésistible puissance
de séduction. Chaque fois qu'il le voulut ou
qu'il y eut intérêt, il réussit à séduire et à
dominer ceux qui l'entouraient, son père lui-
même, quoique celui-ci fût si en défiance, si
prévenu contre des manières « qui sentent le
comédien ». Le marquis ayant voulu le trans-
férer un jour dans une pension plus sévère,
tous les élèves de l'abbé Choquard protestent
et pétitionnent en faveur du jeune comte.

Là aussi ils applaudissent à ses débuts littéraires et oratoires. Le jour de la Saint-Louis, en 1769, toute la pension écoute un éloge du prince de Condé mis en parallèle avec Scipion l'Africain, dont l'abbé Choquard est si content qu'il en fait faire un compte rendu dans les journaux, sans doute pour recommander sa maison au public. Le rédacteur du recueil de Bachaumont dit à ce propos : « On voit que ce jeune aiglon vole déjà sur les traces de son illustre père ». Et il ajoute avec raison : « Le fils a plus de netteté, plus d'élégance dans son style ». Les idées tumultueuses du père s'éclairciront, en effet, dans le cerveau mieux équilibré du fils.

En attendant, le futur orateur fait son apprentissage à Saintes, dans le régiment de Berri-cavalerie, que le marquis a choisi parce qu'il est commandé par un colonel très sévère. Cet apprentissage réserve au père plus d'une pénible surprise. Mirabeau passe en prison une partie de la première année et au

commencement de la seconde se sauve à
Paris, après avoir fait au jeu une dette de
80 louis. On le rattrape et on l'enferme à l'île
de Ré. A ce moment, le bailli, qui craint de
nouveaux éclats, enverrait volontiers son
neveu aux colonies hollandaises, d'où on ne
revient pas. « Ces choses-là, répond le marquis, sont plus faciles à projeter qu'à parfaire,
surtout dans le temps qui court et avec un
drôle qui a toute l'intrigue du diable et de
l'esprit comme un démon. Le marquis de
Lambert me disait l'autre jour qu'il avait
partagé la ville et la province et que, malgré
son caractère odieux, il aurait trouvé dans
la ville de Saintes 20 000 livres qui n'y
sont pas. »

Le bailli subira à son tour l'ascendant de
ce neveu maudit lorsque Mirabeau reviendra
de l'expédition de Corse, où il servit comme
sous-lieutenant dans la légion de Lorraine.
Il semble qu'il y ait eu là une heureuse
secousse dans cette vie jusqu'alors si dissipée.

L'action a été un instant pour cette nature
fougueuse le méilleur des dérivatifs. A quelque
tâche que Mirabeau s'applique, il y paraît
tout de suite supérieur. C'est là le secret de
l'empire qu'il exerce. En Corse, il se croit
fait pour la guerre, il le dit hautement, il le
prouve dans une certaine mesure et il le persuade autour de lui. Le major de la légion
de Lorraine, le chevalier de Villereau, déclarait « n'avoir pas connu d'homme né avec
de plus grands talents que le comte de Mirabeau pour le métier des armes ».

Ce sera aussi l'avis du bailli, qui, lassé de
ses longues croisières, a fini par s'établir en
Provence, où il défend les intérêts de son frère
et où il reçoit son neveu. Celui-ci, comme dit
son père, « joue aussitôt ses grandes marion-
nettes » pour s'emparer de l'esprit du bailli
dont il connaît la bonté et l'influence. Il
compte sur lui pour rentrer en grâce auprès
du marquis toujours résistant. Dès le soir de
son arrivée, il pousse sa pointe et enlève la

position d'assaut. Il laisse l'honnête marin tout étourdi de sa verve méridionale, de sa faconde, de la prodigieuse facilité avec laquelle il traite au pied levé les questions les plus difficiles. S'agit-il du militaire, il en parle en homme du métier; on dirait qu'il a blanchi sous le harnais. S'agit-il d'histoire ou de politique, il a commencé une histoire de Corse qui émerveille le bailli : « S'il n'est pas pire que Néron, écrit l'excellent homme au marquis, il sera meilleur que Marc-Aurèle, car je ne crois pas avoir jamais trouvé tant d'esprit. Ma pauvre tête en était absorbée;... ou c'est le plus adroit et habile persifleur de l'univers, ou ce sera le plus grand sujet de l'Europe pour être pape, ministre, général de terre ou de mer, chancelier et peut-être agriculteur. Tu étais quelqu'un à vingt-deux ans, mais pas la moitié. » Pendant que le bailli parle, Mirabeau prend des notes comme pour témoigner de l'intérêt qu'il prend à ce qu'on lui dit et pour flatter la vanité de son interlocuteur. C'était du reste son habitude. Il meublait ainsi sa mémoire et son cerveau aux dépens des autres. Son père l'appelait ironiquement « la pie des beaux esprits et le geai des carrefours ».

Le bailli reste sous le charme, tant qu'il garde Mirabeau auprès de lui. Après son départ, il en rabat un peu, lorsqu'il s'aperçoit que le bon apôtre, non content de faire payer ses anciennes dettes, en a contracté de nouvelles en tirant à vue sur son excellent oncle. Le père, qui connaissait mieux le caractère de son fils pour l'avoir pratiqué plus longtemps, avait cependant prévenu le bailli. « Prends garde, écrivait-il, si tu veux le mener dans le grand, qu'il ne mène ta bourse dans le vide;... pour manger dans la main, c'est le premier homme du monde. »

Si bien averti et si défiant qu'il soit, l'intraitable marquis ne résiste pas davantage à l'ascendant de Mirabeau, une fois qu'il a consenti à le recevoir dans le château d'Aigueperse en

Limousin, où ses affaires l'appellent. Sa première impression a été peu favorable. « Or sus, s'est dit le père en écoutant et en regardant l'aîné de sa race, voici encore un Mirabeau tout craché, c'est-à-dire un être fort incommode, homme d'esprit d'abord et de mérite, ensuite sur le pavé. Adieu projets de fortune, etc. C'est la fable du pot au lait. » Puis la séduction personnelle opère, Mirabeau devient le secrétaire de son père, s'empare de sa confiance et pendant deux ans va le dominer.

Il fait même sous la direction de l'*Ami des hommes* un premier apprentissage de la politique, d'abord en constituant dans la province du Limousin un tribunal de conciliation, une sorte de justice de paix ou de conseil de prud'hommes ; puis en maintenant, au contraire, parmi les vassaux turbulents de Provence, tous les droits du seigneur suzerain. Dans ces deux rôles si différents, il montre déjà les deux aspects de son caractère, le sentiment d'humanité et de justice qui fait de lui

un homme des temps nouveaux, la hauteur
de manières par laquelle il se rattache, quand
il le veut, aux vieilles races aristocratiques.

Surtout, il ne passe nulle part inaperçu.
« Monsieur l'ouragan », comme l'appelle son
père, emporte de haute lutte les positions les
plus difficiles. A Versailles, il se fait tout de
suite sa place à la cour, il s'impose par son
esprit et par son originalité autant que par la
qualité de ses alliances. La première fois qu'il
est présenté au vieux comte de Maurepas, il
le saisit par le bouton de son justaucorps.
« Au reste, écrit le marquis au bailli, depuis
cinq cents ans on a toujours souffert des
Mirabeau qui n'étaient pas faits comme les
autres; on souffrira encore celui-ci. Je te pro-
mets en outre que celui-là ne descendra pas
le nom. »

Mirabeau aborde avec la même confiance
en soi et la même audace l'entreprise capitale
de sa jeunesse. Il se met en tête d'épouser
une des plus riches héritières de Provence,

Mlle de Marignane, que se disputent les principaux gentilshommes du pays; il a contre lui la famille et l'entourage de la jeune personne. Celle-ci ne témoigne même pas pour lui un goût très vif, elle paraît hésiter entre ses nombreux prétendants. Mais il la presse, il abuse de son humeur pacifique, il réussit à la compromettre et à rendre le mariage indispensable.

Victoire sans lendemain, du reste, qui n'a ni plus de durée ni plus de portée qu'une aventure. Au bout de quinze mois de mariage, Mirabeau, quoique sa femme et lui eussent un fort beau revenu, avait déjà souscrit pour 200 000 livres de lettres de change. Son père et son beau-père, justement effrayés, ne trouvaient d'autre moyen de le soustraire aux poursuites de ses créanciers que de le placer sous la main du roi, suivant l'expression du temps, en le faisant enfermer au château de Mirabeau.

CHAPITRE III

LES LETTRES DE CACHET. — LE FORT DE JOUX
Mme DE MONNIER. — LE DONJON DE VINCENNES

I

Tel fut le commencement d'une série d'emprisonnements qui allaient jeter le jeune comte hors de la famille et de la société. Interné au début à Mirabeau, un peu plus tard à Manosque, il commet l'imprudence de rompre son ban et d'aller se prendre de querelle à Grasse avec un gentilhomme provençal. Cette fois, il est accusé d'avoir voulu assassiner son adversaire et décrété de prise de corps. Le marquis en est réduit pour le sauver à solliciter des ministres l'internement de son fils au château d'If par une lettre de cachet.

C'est là un procédé dont l'*Ami des hommes* se servira trop souvent contre les membres de sa famille, que le pouvoir royal aura le tort de mettre à sa disposition, et dont l'abus pèse sur sa mémoire comme une infraction impardonnable aux idées de justice dont il se faisait volontiers le représentant.

Les lettres de cachet sont un des plus odieux souvenirs de l'ancien régime. On peut juger de leur puissance corruptrice par la facilité avec laquelle s'en accommodait une conscience aussi honnête que celle du marquis de Mirabeau.

Il ne faut cependant pas se méprendre sur le premier effet qu'elles produisent. Mirabeau s'est beaucoup plaint de la tyrannie paternelle, il a dénoncé son père à l'opinion avec une véhémence croissante, mais il a commencé par profiter de la mesure contre laquelle il proteste. C'est grâce à son emprisonnement qu'il peut se soustraire aux menaces de ses créanciers, échapper aux conséquences d'une condamnation infamante prononcée contre lui pour tentative d'assassinat. Son père, il est vrai, se débarrasse de lui; mais lui-même se débarrasse de tous ceux qui le guettent pour lui mettre la main au collet. Il n'est donc pas victime, du moins au début, il est plutôt protégé par la première lettre de cachet demandée contre lui. Les véritables victimes sont ceux auxquels il doit de l'argent ou qu'il a roués de coups sans qu'il leur soit possible d'obtenir satisfaction.

La translation du prisonnier au fort de Joux n'aggravait pas la peine de la détention. Quoique « ce nid de hiboux, égayé par quelques invalides », ne fût pas un lieu de délices, Mirabeau allait y jouir d'une liberté relative dont il ne manqua pas d'abuser. Le commandant du fort, bon gentilhomme, se déclarait tout à fait incapable d'exercer le métier de geôlier. Mirabeau obtint de lui d'avoir un logement dans la petite ville voisine de Pontarlier, d'y prendre ses repas à l'auberge et d'y fréquenter la société du pays. En principe, il était tenu de rentrer chaque soir au château, mais en réalité il en vint à s'absenter plusieurs jours de suite et à pousser même ses courses jusqu'en Suisse.

II

Le séjour de Mirabeau au fort de Joux
rappelle surtout la célèbre histoire de ses
amours avec Mme de Monnier. Cette aventure, qui fit tant de bruit et qu'ont immorta-
lisée les *Lettres de Vincennes*, est racontée
par M. Charles de Loménie avec la plus scrupuleuse exactitude. Le consciencieux historien
a eu entre les mains, outre les dialogues inédits prêtés autrefois à Sainte-Beuve par
M. Lucas de Montigny, la correspondance
secrète de Mme de Monnier avec son amant. Il
s'est servi de ces précieux documents pour

retrouver la vérité sous la légende que les romans, les pièces de théâtre et même de prétendus récits historiques ont répandue dans le public.

Les *Lettres de Vincennes*, quoique souvent brûlantes de passion, ont un caractère oratoire; elles sont destinées à être lues par le lieutenant de police ou par son premier commis; elles sentent le plaidoyer, elles arrangent et dénaturent les faits pour le besoin d'une cause. Il n'y faut pas chercher une sincérité absolue. L'émotion y est fréquemment remplacée par la rhétorique.

Le caractère des deux amants se montre plus au naturel dans l'intimité de leurs confidences secrètes. Leur liaison, qui a remué les cœurs et fait travailler les imaginations, se réduit au fond à une histoire d'amour assez prosaïque. Ce serait une profanation de rappeler ici les passions délicates de la fin du siècle, de prononcer les noms de Mmes de Sabran, de Custine, de Beaumont. Sophie de

Monnier n'approche pas de ces femmes exquises. Quoiqu'elle appartienne à une bonne
noblesse de robe, quoique son père, M. de
Ruffey, soit un des correspondants de Voltaire; quoiqu'elle ait été destinée par ses
parents à épouser sur le tard Buffon devenu
veuf, il y a en elle un élément de vulgarité
qui exclut toute idée de comparaison avec des
natures plus fines.

Rien de moins poétique pour commencer
que l'histoire de son mariage. A seize ans, sa
famille, qui paraît beaucoup plus occupée de
sa fortune que de son bonheur, la marie à un
septuagénaire, le marquis de Monnier, premier
président de la cour des comptes de Dôle et
possesseur de biens considérables. « Je ne
savais pas, écrit ironiquement Voltaire au
président de Ruffey, que M. de Monnier fût
un jeune homme à marier; je lui en fais mon
compliment et je le trouve très heureux
d'épouser mademoiselle votre fille. Je leur
souhaite à tous deux toute la prospérité pos-

sible. » Dans une union si disproportionnée,
il ne peut être question d'affection. C'est une
affaire que concluent les parents de Sophie.
On espère que le mari ne vivra pas longtemps
et que la jeune femme, enrichie par ses libéralités, pourra suivre alors le penchant de son
cœur. En attendant, Mme de Monnier s'en-
nuie au domicile conjugal, auprès de son vieil
époux, elle cherche des distractions et elle
en trouve. Ce qui classe la femme, c'est que
Mirabeau ne sera ni son premier ni son dernier amant. Avant de le connaître, elle s'était
éprise d'un officier d'artillerie qu'elle tutoyait
et dont elle payait les dettes.

« Compromise et affichée dans Pontarlier »,
comme elle le dit elle-même, par la fatuité de
ce personnage, elle rencontre le prisonnier
du fort de Joux au moment où elle commençait à se lasser d'une liaison embarrassante.
Mirabeau, très supérieur à tout son entourage, exerce sur elle l'ascendant qu'il n'a
jamais manqué d'exercer sur les personnes

dont il entreprenait la conquête. La laideur de
son visage couturé par la petite vérole,
l'épaisseur de sa taille qui lui donnait « l'air
d'un paysan », la gaucherie et l'affectation de
ses manières qui causaient au premier abord
une impression déplaisante, étaient bientôt
effacées par l'éclat de ses yeux pleins de feu,
par la grâce de sa bouche spirituelle, par le
charme de la conversation la plus séduisante.
Lorsqu'il renonçait au ton cérémonieux qu'il
prenait volontiers en se présentant dans le
monde, l'à-propos de son langage, la vivacité
de ses saillies, l'aisance de ses répliques, la
facilité avec laquelle il jouait les personnages
les plus divers, enchantaient et subjuguaient
ses interlocuteurs.

« Ne regrette pas, lui écrit un jour Mme de
Monnier, le brillant d'esprit que tu prétends
avoir perdu. Sais-tu pourquoi il fait avoir des
femmes? C'est qu'il les interdit. Tu les mènes
plus loin qu'elles ne voulaient, elles ne savent
point répondre à tes raisonnements; tu atta-

ques leur tempérament, tu les as sans qu'elles le veuillent quelquefois. »

C'est le premier chapitre de son propre roman qu'écrit ici la marquise. Après une résistance de pure forme, facilement vaincue par des raisonnements analogues à ceux de Saint-Preux dans *la Nouvelle Héloïse*, après un très court essai d'amour platonique, cette nouvelle Julie cède aux instances de Mirabeau.

Le quatrième dialogue inédit où les deux amants se tutoient déjà indique le moment précis de la chute. « Quoi! dit le comte, tu partages mes désirs et tu repousses mes transports!... tu m'as donné ton cœur et tu me refuses tes faveurs! Je presse de mes lèvres tes paupières mourantes. Je cueille sur ta bouche les plus délicieux baisers,... mon âme enflammée s'élance vers la tienne,... tu m'enivres d'amour et tu ne veux pas apaiser le feu qui me dévore, que tu as porté dans mes veines. » La personne qui permettait de telles privautés n'était plus en mesure ni en humeur de se défendre. Sophie n'y met du reste aucune hypocrisie. « Que je suis satisfaite, écrit-elle au mois de juin 1777, de ne pas t'avoir fait souffrir bien longtemps, de t'avoir fait presque aussitôt l'aveu de mes sentiments, et d'avoir vaincu mes résolutions et mes projets d'indifférence, de liberté pour faire notre bonheur à tous deux! Comme j'ai joui du tien avant de le sentir autant que je l'ai fait depuis! »

Au milieu de cette galante aventure, que devenait le mari? M. de Monnier fait penser à certains personnages des *Contes* de Boccace ou des comédies françaises dont l'extrême crédulité divertit le lecteur. Il a pris Mirabeau en amitié, il ne peut plus se passer de sa présence, il donne des fêtes en son honneur, il prend publiquement son parti contre le commandant du fort de Joux, qui s'est lassé des incartades de son prisonnier et lui ordonne de se remettre sous les verrous.

Rassurée par la confiance de son mari, Mme de Monnier a l'audace de cacher son amant pendant deux jours dans un cabinet noir qui touche à sa chambre à coucher. Plusieurs fois Mirabeau passe la nuit chez sa maîtresse. Un soir, au moment où il entre à la dérobée dans la maison, il est surpris et arrêté par les domestiques de M. de Monnier. Sans paraître déconcerté, avec un sang-froid imperturbable, il demande à être conduit auprès du président, se jette dans ses bras et, au lieu de s'excuser, se vante de son entreprise comme d'une attention délicate et aimable. Il arrivait de Berne, il allait droit à Paris se présenter au ministre, il n'avait pas voulu passer à Pontarlier sans remercier M. et Mme de Monnier de leurs bontés pour lui; s'il avait choisi l'heure du souper de leurs gens, c'était avec intention, afin de ne mettre aucun domestique dans sa confidence. En même temps, il prie M. de Monnier de sonner ses gens pour leur ordonner le silence.

La scène est si bien jouée, la crédulité de
M. de Monnier est si complète, que le mari
trompé et satisfait appelle ses domestiques en
leur enjoignant de ne parler à personne de ce
qu'ils viennent de voir.

La famille de Mme de Monnier n'était pas
d'humeur à se laisser jouer comme le trop
crédule président. C'est elle qui se chargea à
son tour de garder la jeune femme. Elle le
fit avec un luxe de précautions qui rappelle
encore une fois les scènes les plus comiques
de Boccace. Une chanoinesse, sœur aînée de
Sophie, couche dans la même chambre
qu'elle ; cette vigilante gardienne attache à
son bras un ruban qui aboutit au pied de
Mme de Monnier. Si celle-ci bouge, la chanoinesse en sera immédiatement avertie. L'histoire de la précaution inutile se renouvelle ici
comme dans les contes italiens. L'amour est
plus fort que toutes les entraves qu'on lui
oppose. Toute surveillée qu'elle est, Mme de
Monnier n'en donne pas moins des rendez-

vous à Mirabeau dans un jardin où elle passe avec lui des heures délicieuses, malgré le froid des nuits d'hiver sous un climat glacial.

Au plus fort de cette surveillance, Sophie trouva moyen de persuader à M. de Monnier qu'on lui faisait injure en la gardant de si près. Le mari débonnaire insista pour qu'on s'en rapportât à la vertu de sa femme et renvoya la famille.

C'était le moment qu'attendaient avec impatience les deux amants pour réaliser un projet qu'ils préparaient depuis quelques jours : celui de fuir ensemble à l'étranger. Brouillé, comme il l'était, avec le commandant du fort de Joux pour avoir abusé de son indulgence, sommé de rentrer en prison pour n'en plus sortir, Mirabeau avait les plus fortes raisons de ne plus rester dans un pays où il n'entrevoyait aucune chance prochaine de recouvrer sa liberté. Il semble même, d'après quelques documents, que les ministres et son père, las du bruit qui se faisait autour de son nom,

n'aient pas été fàchés de se débarrasser de
lui. Qu'il partît seul, rien de mieux. Mais
qu'il enlevât une femme mariée, la femme
d'un premier président, c'était un scandale
qui devait l'exposer, lui et sa complice, à la
répression la plus sévère.

Si la société du xviiie siècle avait des trésors
d'indulgence pour les amours élégantes et
discrètes, la sévérité des lois romaines et
des ordonnances des rois de France subsistait
tout entière pour l'adultère affiché et public.
Le séducteur risquait sa tête dans cette aventure. Il fut, en effet, condamné par contu-
mace à la peine capitale, tandis que le même
jugement condamnait Mme de Monnier à être
enfermée, sa vie durant, dans une maison de
refuge de Besançon, « pour y être rasée et
vêtue comme les filles de la communauté ».

III

Mirabeau n'ignorait pas cette conséquence certaine de sa fuite. Quelle fut donc la raison qui le décida à braver le péril?

Il a dit et peut-être même a-t-il cru sincèrement qu'il était alors emporté par la violence de sa passion. L'excuse est plus vraie pour Mme de Monnier que pour lui. Sophie s'était donnée tout entière avec la véhémence d'une nature passionnée, avec le dévoûment et l'esprit d'abnégation que les femmes apportent plus que les hommes dans les sacrifices que demande l'amour. Elle revendiqua hautement la responsabilité de son départ et s'employa généreusement à laver son amant de l'accusation de rapt. « C'est moi qui ai tout voulu », écrivait-elle en se découvrant avec une vaillance qui la relève.

D'esprit un peu court, avec un tempérament et des mœurs de fille, avec un cynisme de langage qui rend la lecture de ses lettres secrètes intolérable pour les esprits délicats, elle savait du moins se dévouer et souffrir pour celui qu'elle aimait. Sans hésiter, elle eût pris sur elle tout le châtiment comme elle prenait toute la faute. Quoi que Mirabeau pût dire, il n'était pas au même diapason. L'amour ne fut pas le seul mobile de sa fuite avec Mme de Monnier.

Criblé de dettes, n'ayant d'autre ressource que la très modique pension que lui faisait son père, s'il passait seul à l'étranger, il y trouvait la misère noire. La pension elle-même allait cesser de lui être servie dès qu'il aurait franchi la frontière. Mme de Monnier pouvait seule le tirer de cette difficulté. Elle était de ces femmes qui « fournissent à leurs amants », comme on disait dans la langue du xviiie siècle; Mirabeau le savait quand il l'avait aimée, et il ne se faisait pas faute d'en profiter.

Les mémoires et les comédies du temps indiquent que, sous l'ancien régime, on n'attachait pas aux libéralités de ce genre une idée de déshonneur absolu pour le jeune homme de qualité qui en était l'objet. On riait aux dépens de la personne libérale, surtout si elle était vieille, mais on ne traitait pas avec trop de sévérité celui qu'elle enrichissait. Il passait même dans certains cas pour un homme avisé, en état de bien mener ses affaires. « Moins que personne, dit avec raison M. Charles de Loménie, Mirabeau était capable de se passer d'argent; à l'origine des déterminations les plus graves de sa vie, il faut toujours chercher une préoccupation de cet ordre ».

Les pièces des deux procès instruits contre Mirabeau, à l'occasion de l'enlèvement de

Mme de Monnier, sont conservées au greffe du tribunal de Pontarlier [1]. Elles établissent avec certitude que, pendant les journées qui ont précédé la fuite, Mme de Monnier avait dévalisé la maison de son mari et fait passer par petits paquets à Mirabeau des rouleaux de louis, des effets de prix, des bijoux et des dentelles. L'infortuné président évaluait ses pertes à 25 000 livres. On ne savait pas ce qu'il regrettait le plus, de sa femme ou de son argent. Sophie, du reste, ne cachait ni ses larcins ni son amour ; elle convenait de tout et se justifiait à sa manière. « Mes parents m'ont mariée à seize ans, disait-elle, alors que je ne pouvais réellement disposer de ma personne ; aujourd'hui je me marie moi-même, et par la même occasion je rentre dans ma dot. »

Les provisions d'argent qu'avait emportées Mme de Monnier auraient pu suffire à un

---

1. Voir, à ce sujet, une brochure de M. Georges Leloir, intitulée : *Mirabeau à Pontarlier*, et l'ouvrage de M. Alfred Stern, professeur à l'École polytechnique de Zurich : *das Leben Mirabeaus*.

homme moins prodigue que Mirabeau; mais après quelques mois de séjour en Hollande, où les deux amants s'étaient réfugiés, leur bourse était à sec. « Je dois plus de cent louis ici, écrivait Mirabeau à sa mère, et je n'en ai pas six. »

Avec l'activité habituelle de son esprit et sa puissance de travail, il avait espéré trouver de l'occupation chez les libraires français d'Amsterdam; il arrivait auprès d'eux précédé du commencement de réputation littéraire que lui avait valu son *Essai sur le despotisme*. On lui confia des traductions, il fit imprimer un *Avis aux Hessois et autres peuples de l'Allemagne vendus par leurs princes à l'Angleterre*. Mais le temps lui manqua pour entreprendre une œuvre considérable.

La famille de Ruffey d'une part, le marquis de Mirabeau de l'autre, exaspéré par les pamphlets que son fils écrivait de Hollande contre lui, à l'instigation de sa femme, sollicitaient l'extradition des deux fugitifs.

Mme de Monnier aurait pu faire sa paix séparément avec M. de Monnier, qui lui avait envoyé un domestique de confiance et fait offrir de l'argent. Le mari ne mettait qu'une condition à son pardon, la séparation des deux amants. Avec la générosité qu'elle apportait dans la passion, Sophie refusa d'abandonner son compagnon. Celui-ci, de son côté, aurait facilement échappé aux agents chargés de l'arrêter s'il avait voulu s'éloigner. Il faut dire à leur honneur qu'ils ne consentirent ni l'un ni l'autre à séparer leurs destinées. On les arrêta ensemble comme ils avaient fui ensemble. Lorsqu'ils arrivèrent à Paris, on enferma Mirabeau au château de Vincennes et Mme de Monnier dans une maison de correction.

Ils ne devaient plus se revoir que quatre ans après, dans une rapide entrevue qui ne se renouvela plus.

Pour Mme de Monnier, c'était la fin de la folle aventure à laquelle elle avait sacrifié sa vie. Une douleur plus grande que celle de la séparation lui était réservée. Celui qu'elle avait tant aimé allait se détacher d'elle peu à peu. Après la dernière entrevue au couvent de Gien, les lettres de Mirabeau devinrent plus rares et plus froides. Puis toute correspondance cessa de sa part. La pauvre femme continuait à écrire sans recevoir de réponse. Le médecin qui la soignait raconte qu'elle avait presque perdu la vue à force de pleurer.

Un peu plus tard, devenue libre par la mort de son mari, elle essaya de se consoler dans les bras d'un lieutenant de la maréchaussée qui la rebuta par sa brutalité et ses mauvais traitements. Elle allait enfin épouser un jeune gentilhomme qui paraissait digne d'être aimé, lorsque son fiancé lui fut enlevé par un accident. Elle ne se sentit pas la force de lui survivre, elle alluma un réchaud et s'asphyxia. Plusieurs fois déjà son imagination avait été hantée par des idées de suicide. A Amsterdam, elle avait voulu s'empoisonner

au moment de son arrestation, et n'en avait
été empêchée que par les instances de Mirabeau.

Celui-ci apprit sa mort au mois de septembre 1789, au pied de la tribune de l'Assemblée
constituante. L'émotion qu'il en éprouva ne
parut ni bien sincère, ni bien forte à ceux qui
en furent les témoins. Les femmes ne devraient
pas oublier que c'est presque toujours ainsi
que finissent les amours des grands hommes.
Pendant qu'elles sacrifient tout à leur passion,
elles sont elles-mêmes sacrifiées aux plus
impérieuses des maîtresses, à l'ambition, à la
recherche du succès, de la popularité, de la
gloire.

IV

Au donjon de Vincennes, Mirabeau fut
enfermé pendant plus de trois années dans
une prison beaucoup plus dure que toutes
celles qu'il avait connues jusque-là. Il n'était
plus question, comme au fort de Joux, de
passer ses journées à la ville, d'y prendre ses
repas et d'y coucher quelquefois. Les prisonniers du donjon étaient au régime du secret
le plus absolu; point de communications
entre eux, point de communications avec
l'extérieur; point d'autres livres que ceux qui
étaient fournis par le commandant du château,

pas même la liberté complète d'écrire. On
comptait les feuilles de papier qui leur étaient
remises et qu'ils devaient représenter après
les avoir remplies.

Là, comme partout, Mirabeau réussit à
obtenir les adoucissements qui se conciliaient
avec le régime général de la prison. On le
laissa d'abord passer quelques heures, puis la
plus grande partie de la journée hors de sa
cellule, dans les jardins intérieurs du donjon
ou dans les galeries de l'enceinte. Il lui arriva
même d'échanger quelques mots avec les
habitants du château et d'attirer sous sa
fenêtre, par des chansons qu'il chantait fort
bien, un petit cercle de curieux. Mais il ne lui
fut pas permis de sortir une seule fois, de res-
pirer l'air du dehors, de recevoir la visite de
ses parents ou de ses amis [1].

C'était l'isolement et la claustration à l'âge

1. Une exception paraît avoir été faite vers la fin pour
Dupont de Nemours, qui venait voir le prisonnier de la
part de son père.

où l'homme a le plus besoin de dépenser son activité physique et son activité intellectuelle. Qu'on songe aux horreurs de la réclusion pour ce corps d'athlète, pour cette imagination ardente, pour cet esprit toujours en mouvement. Une constitution moins robuste, une âme moins forte, eussent fléchi dans cette épreuve. Il semble, au contraire, que le prisonnier se soit raidi contre le malheur de toute l'énergie de sa volonté. Non seulement il ne sortit pas de Vincennes amoindri, mais il y avait fortifié son intelligence par la méditation, rassemblé ses forces pour les luttes de la vie. Comme les natures vigoureuses, au lieu de plier sous la contrainte, il se redressa plus hardi et plus redoutable que jamais.

Ni dans ces années de solitude, ni dans la période précédente, il ne ménagea son père, dont il avait tant de motifs de maudire la sévérité. Il lui devait cependant, sans s'en douter, quelque reconnaissance; c'est de lui qu'il tenait l'habitude et la puissance du travail.

Le marquis avait noirci, sans se lasser, des milliers de feuilles de papier; son fils était de la même trempe. Enfermé entre quatre murs, sevré de tous les plaisirs et de toutes les affections, Mirabeau fut sauvé du désespoir par son goût pour l'écriture. La nomenclature de tout ce qu'il composa à Vincennes effraie l'imagination.

D'abord il écrivait à Mme de Monnier, en caractères très serrés pour économiser le papier distribué aux prisonniers, une ou deux lettres par jour. Celles qui ont été publiées par Manuel ne donnent qu'une idée fort incomplète de cette correspondance. C'étaient, nous l'avons dit, des pièces, en quelque sorte, officielles, destinées à être lues par le lieutenant de police ou par son premier commis avant d'arriver à Sophie. Mirabeau s'épanchait avec plus de liberté et d'abondance dans la correspondance secrète à propos de laquelle Mme de Monnier disait en 1780 : « Depuis un an juste que nous nous écrivons, je viens de faire le relevé de nos lettres; nous nous en sommes écrit, tant toi que moi, entre nous deux, trois cent soixante. »

En même temps, il rédige à l'adresse du lieutenant de police, de son père, de M. de Maurepas, un grand nombre de mémoires. Ayant épuisé la bibliothèque de la prison, il demande et il obtient l'autorisation d'acheter des livres nouveaux qu'il dévore. Il en tire la matière d'une série d'ouvrages qu'il entreprend; il traduit pêle-mêle *Tibulle*, *les Baisers de Jean second*, les *Contes* de Boccace, la *Vie d'Agricola*; il compose un *Essai sur les élégiaques latins*, des *Mémoires sur le ministère du duc d'Aiguillon*, un *Essai sur la tolérance*, des *Mémoires sur l'inoculation*, *sur l'usage des troupes réglées*, une *Histoire de Philippe II*, deux tragédies et un drame bourgeois.

Il y a dans tout cela beaucoup de fatras, mais le travail accompli est extraordinaire. La pensée persistante du prisonnier et son talent personnel éclatent surtout dans le livre décisif qu'il écrit sur *les Lettres de cachet et les prisons d'État*. Mirabeau qui avait passé successivement par le château d'If, le fort de Joux, le château de Dijon et le donjon de Vincennes, était plein de son sujet. Nulle part on n'a démontré avec plus de force et de chaleur l'illégalité des emprisonnements arbitraires, d'après les maximes mêmes du droit public ancien.

Celui qui écrivait de telles pages contre les abus de l'ancien régime, qui pouvait les appuyer d'exemples choisis dans sa propre vie, était naturellement désigné pour devenir bientôt le champion de la Révolution. Il était la preuve vivante du pouvoir exorbitant qu'un père pouvait s'arroger avec l'autorisation du roi sur un citoyen de plus de trente ans. Ce sont là des griefs qu'une âme fière ne pardonne ni n'oublie. L'humiliation et les souffrances qu'avait endurées Mirabeau le portèrent à l'Assemblée constituante dans les rangs du tiers état, parmi les adversaires les plus résolus

d'un ordre de choses dont il avait été si longtemps la victime.

Au bout de quarante-deux mois, lorsque le
marquis croit son fils non pas corrigé, mais
hors d'état de lui nuire et de se liguer de nouveau avec les membres révoltés de sa famille,
surtout lorsque la mort de l'unique héritier
légitime de Mirabeau lui inspire le désir d'avoir
des petits-enfants pour continuer le nom et la
race, il se décide à le faire sortir de prison. Mais
il ne le fait qu'après les négociations les plus
longues et les plus épineuses, après avoir
imposé au prisonnier les plus cruels sacrifices.

Il veut d'abord le rapprocher de la comtesse de Mirabeau, qui, depuis des années, ne
témoigne à son mari qu'une parfaite indifférence. Pour conquérir sa liberté, Mirabeau en
est réduit à faire des avances à une femme
qu'il méprise, qui l'a trompé le lendemain de
son mariage, à laquelle il a généreusement
pardonné, qui n'a répondu à sa générosité que
par l'ingratitude, qui aurait pu le délivrer d'un

mot si elle avait simplement annoncé l'intention de partager sa captivité, mais qui n'a
jamais voulu y consentir.

On exige de lui un sacrifice plus douloureux
encore. On le condamne à insister auprès de
Mme de Monnier pour qu'elle se réconcilie
avec son mari, qui continue à offrir le pardon
et l'oubli. La malheureuse femme, toujours
consumée par le feu de la passion, se débat
contre les instances de son amant et ne se
résigne à céder que lorsqu'il est trop tard.
Comment Mirabeau aurait-il pu oublier
l'odieuse violence faite à ses sentiments, comment n'aurait-il pas pensé qu'une société où
un père pouvait exiger de telles choses de son
fils était une société à refaire? On peut dire
du bien de l'ancien régime à distance, lorsqu'on n'en considère que les grandes lignes et
l'architecture extérieure; dès qu'on y regarde
de près, on s'aperçoit qu'aucune révolution
n'était plus nécessaire, n'a été plus justifiée
que la révolution de 1789.

CHAPITRE IV

I

Au moment où il rendait son fils à la
liberté, le marquis espérait relever et reconstituer sa famille, d'abord en faisant purger
par Mirabeau la condamnation capitale prononcée contre lui à Pontarlier, puis en l'en-
voyant à Aix auprès de sa femme pour y
reprendre la vie conjugale. Le premier résultat fut obtenu sans trop de peine; mais la
seconde entreprise trompa toutes les espérances du marquis.

Celui-ci ne soupçonnait pas les griefs de son fils contre Mlle de Marignane. Il se doutait encore moins que la jeune femme s'effrayait par-dessus tout de retrouver un mari qu'elle avait outragé, dont la présence à son foyer eût été un reproche et pouvait devenir un danger. D'ailleurs, pendant neuf années de veuvage réel, la comtesse de Mirabeau s'était créé une existence nouvelle : elle vivait au milieu d'un cercle d'amis qu'elle charmait par sa grâce, dans un tourbillon de réunions joyeuses, de bals, de comédies, de petits soupers dont elle était l'âme. Le retour de son mari menaçait de troubler cette vie de plaisirs. Qu'avait-elle besoin d'un revenant que l'on regardait comme mort civilement, qui aurait dû avoir le bon goût de ne pas reparaître? Entourée d'hommages, elle se sentait soutenue par la résistance de sa famille, par l'émotion que causait, dans la société provençale, la crainte de la perdre.

En échange de cette souveraineté élégante.

qu'avait-on à lui offrir? La gêne domestique, les embarras financiers, des récriminations possibles sur le passé, des ombrages pour le présent. Elle reculait devant cette perspective. Avec une politesse et une mesure calculées, non point assurément par amour, mais pour se refaire un état social et reprendre son rang dans le monde, Mirabeau réclamait son droit. Forcés dans leurs derniers retranchements, obligés de prendre un parti, M. de Marignane et sa fille répondirent à ces instances par un procès en séparation de corps.

L'histoire du procès a été bien souvent racontée. Il n'en faut retenir que la hardiesse avec laquelle Mirabeau plaide lui-même sa cause. C'était un signe des temps, l'indice d'un profond changement dans les mœurs. A une époque où la noblesse d'épée et le barreau formaient deux classes tout à fait distinctes de la société, il semblait extraordinaire de voir un gentilhomme de race, un ancien capitaine de dragons, descendre au rôle d'avocat.

Le cas paraissait même si nouveau que les syndics de l'ordre des avocats se réunirent pour en délibérer et n'accordèrent qu'avec peine l'autorisation demandée par Mirabeau.

Le marquis y voyait l'annonce d'une révolution qu'il prédisait du reste depuis longtemps et dont les symptômes frappaient ses yeux à Versailles aussi bien que dans les provinces : « Quoique ayant de la peine, écrit-il, à avaler l'idée que le petit-fils de notre père tel que nous l'avons vu passer sur le Cours, tout le monde ôtant de loin son chapeau, va maintenant figurer à la barre de l'avant-cour, disputant la pratique aux aboyeurs de la chicane, je me suis dit après que Louis XIV serait un peu plus étonné s'il voyait la femme de son arrière-successeur en habit de paysanne et tablier, sans suite, pages ni personne, courant le palais et les terrasses, demander au premier polisson en frac de lui donner la main qu'icelui lui prête seulement jusqu'au bas de l'escalier. Autres temps, autres mœurs. »

Depuis le temps où il haranguait en Limousin les tenanciers de son père, Mirabeau va parler en public pour la première fois. Il n'y aura chez lui ni apprentissage ni tâtonnements ; il a si naturellement un tempérament oratoire qu'il produit tout de suite sur ceux qui l'entendent l'impression la plus forte. N'oublions pas que nous sommes dans le Midi, que c'est un Méridional qui parle et qu'il s'adresse à une population facile à émouvoir. Rien de ce qu'il dit ne sera perdu pour ses auditeurs ; se sentant soutenu par leur attention, bientôt par leur sympathie et par leur émotion, il dominera peu à peu l'embarras d'un début ; s'inspirant des circonstances à mesure qu'elles lui paraîtront plus favorables, il s'abandonnera à des mouvements plus libres et finira par électriser l'auditoire.

Dans ce long débat, il prit la parole à quatre reprises différentes devant deux juridictions successives, et chaque fois il obtint un succès extraordinaire. Avec un art infini, en artiste déjà consommé, il renouvelle, par la variété des arguments et des intonations, une cause qui ne change pas. Il commence avec mesure et avec dignité, il cherche à attendrir le public sur ses malheurs, il parle de sa femme avec grâce, avec tendresse, en homme qui a aimé et qui a souffert, et dès le premier jour il arrache des larmes de tous les yeux. Son beau-père lui-même, qui écoutait en ricanant le commencement de la plaidoirie, quitte l'audience, suffoqué par l'émotion.

On ne répond aux avances de l'orateur que par des insultes. Alors, piqué au vif, animé d'une indignation légitime, il s'échauffe à son tour, il rend à ses adversaires coup pour coup, il attaque, il accuse et il cloue à son banc l'avocat de Mlle de Marignane foudroyé. Quoique préparés avec le plus grand soin et en partie écrits, les quatre plaidoyers de Mirabeau n'ont pas été publiés; mais M. de Loménie, qui possède le manuscrit du plus important de ces discours, nous le donne aux pièces justificatives.

C'est celui du 23 mai 1783, le jour où Mirabeau plaida, nous dit son père, « depuis huit heures et quart du matin jusqu'à une heure, sans cracher ni moucher ». La lecture en est attachante sans cependant nous rendre l'impression exacte de l'audience.

Bien des passages ont dû être changés dans le mouvement de l'improvisation, sous les yeux et en quelque sorte sous l'influence du public. Il faudrait d'ailleurs ajouter à la parole écrite et nécessairement refroidie le port, le geste, la voix, la mimique, l'action oratoire en un mot, qui était merveilleuse chez Mirabeau et que sa sensibilité méridionale rendait irrésistible. Il ne lui arriva pas une fois de prendre la parole devant le public d'Aix sans être applaudi et suivi par la foule jusqu'à sa voiture.

Malgré un succès si éclatant, il perdit sa

cause et il devait la perdre. On a souvent cité cet exemple pour détourner les orateurs même les plus habiles de se défendre personnellement en justice. Outre que le parlement, composé d'amis de M. de Marignane, était prévenu contre Mirabeau, le tempérament passionné de celui-ci devait l'entraîner à commettre des fautes de tactique presque inévitables.

Ses adversaires l'avaient prévu; leur injurieuse campagne avait pour objet de le mettre hors de lui : « Il faut le piquer, disait Pascalis, il s'emportera comme un cheval entier, et nous le tiendrons ». On réussit, en effet, par ce moyen à mettre les juges contre lui; mais s'il perdit son procès devant eux, il le gagna devant le public : « Il est incroyable, écrit le marquis, comme ce bourreau-là a gagné le peuple ». Il l'avait si bien gagné que, six ans plus tard, lorsqu'il retournera en Provence pour y briguer la députation aux États généraux, il retrouvera les mêmes sympathies et le même enthousiasme. La foule reconnaîtra dans l'orateur politique l'avocat qu'elle avait tant applaudi.

Mirabeau se rendait instinctivement compte de la victoire morale qu'il venait de remporter. Il sortait de l'audience, non en vaincu, mais en triomphateur, il savourait la jouissance d'avoir enfin montré et déployé son talent. Célèbre jusque-là par les aventures scandaleuses de sa jeunesse, il acquérait une célébrité plus relevée par le double succès que venaient d'obtenir ses mémoires judiciaires à Pontarlier et son éloquence à Aix.

Le retentissement du procès, le bruit qui se faisait autour de son nom, n'étaient pas non plus de nature à lui déplaire. En attendant la gloire, il entrait dans la popularité : « C'est uniquement ce qu'il a en vue, disait son père, et de cette race extravagante il n'y en a aucun dont le tic physique ne soit de regarder comme un triomphe le jour où ils sont pendus, parce qu'il a été question d'eux ».

Le marquis commençait à s'effrayer du murmure de l'opinion publique et du cri universel qui retentissait, disait-il, à ses oreilles : « N'entendrons-nous jamais parler que de cette race effrénée des Mirabeau? » Son fils, tout entier à la joie de rentrer avec éclat sur la scène du monde, après de longues années d'emprisonnement, n'avait ni les mêmes frayeurs ni les mêmes scrupules.

Si l'issue du procès avait été différente, si Mirabeau s'était rapproché de sa femme, il aurait pu reprendre son rang dans la société et retrouver au foyer conjugal la paix d'une vie régulière. Tel était l'espoir du marquis et de l'excellent bailli, qui, dans cette campagne judiciaire, avait soutenu son neveu de toute l'autorité de son caractère et de tout le poids de sa fortune : « Si cet homme, disait le chef de la famille, avait une femme non gâtée, ou seulement sensée, elle en ferait ce qu'elle voudrait ».

Le jugement prononcé coupait court à ces

espérances. Par la perte de son procès, Mirabeau allait être rejeté dans tous les hasards
d'une vie aventureuse et besogneuse. Hors
d'état de satisfaire à ses goûts de dépense avec
le modique revenu qu'il lui restait, il en était
réduit encore une fois à vivre d'expédients
ou à intenter des procès à un père dont il
avait précipité la ruine. Il ne trouvait même
pas un asile dans la maison paternelle, qui lui
fut impitoyablement fermée quand il revint à
Paris. Pendant cinq ans, les communications
du père et du fils se borneront à des envois
mutuels de papier timbré.

La comtesse de Mirabeau, qui avait l'âme
plus frivole que méchante, regretta plus tard
de n'avoir pas joué dans la vie de son mari le
rôle bienfaisant qu'on lui réservait. Quand
elle le vit entouré de gloire, elle eût voulu le
rejoindre. Les habitants du pays l'en pres-
saient. Les paysans des environs d'Aix la
suppliaient de partir : « C'est une trop belle
race, lui disait-on, ce serait péché qu'elle

manquât ». — « Vous savez sans doute, écrit un Provençal à Mirabeau, que Mme la comtesse veut retourner absolument dans les bras de son cher et glorieux époux, malgré la famille qui a intérêt à s'y opposer. »

Il était trop tard. Mirabeau ne se souciait plus d'un rapprochement dont il n'avait plus besoin depuis que l'argent de la cour affluait chez lui. Il mourut sans avoir même revu sa femme. Celle-ci se remaria pendant l'émigration; mais après avoir perdu son second mari, elle reprit le nom du premier pour lequel elle s'enflamma d'une passion rétrospective. En 1800, elle habitait l'hôtel de Mirabeau, où une de ses belles-sœurs lui avait offert l'hospitalité. « C'est là qu'elle mourut, dit M. Lucas de Montigny, dans la chambre et dans le lit même de Mirabeau, dont le souvenir lui inspirait chaque jour des regrets plus passionnés. »

II

Le rôle que n'avait pas voulu jouer à temps
Mme de Mirabeau, une autre femme allait le
reprendre et apporter quelque douceur dans
la vie tourmentée du grand homme. C'était
une étrangère, fille naturelle d'un personnage
considérable des Pays-Bas et d'une Française,
Mme de Nehra, que M. Louis de Loménie
nous a fait connaître dans un chapitre atta-
chant de ses *Esquisses historiques et littéraires*.
M. Charles de Loménie complète par de nouveaux détails le portrait charmant que son père
a tracé d'elle.

Il s'agit ici d'une personne tout à fait supérieure à Mme de Monnier par la distinction de l'esprit et par la délicatesse morale : « Jamais femme, dit Étienne Dumont dans ses *Souvenirs*, ne fut plus faite pour mériter de l'indulgence à l'amour ». Elle aima en effet Mirabeau avec une tendresse infinie et n'aima que lui. Comment une jeune fille de dix-neuf ans, d'une physionomie charmante, d'une réputation intacte, tout à fait libre de ses actions puisqu'elle était orpheline, mais habituée à une vie décente et retirée, se décida-t-elle à partager publiquement la destinée d'un homme de trente-six ans, vieilli avant l'âge, déconsidéré par le scandale de ses aventures, réduit à vivre d'expédients, « ignorant toujours, comme il le dit lui-même, les ressources du mois qui suit ». Il faut d'abord tenir compte de la liberté des mœurs au XVIIIe siècle, de l'indépendance philosophique dont se piquaient beaucoup de femmes qu'auraient retenues au siècle précédent les

conventions sociales et les principes religieux.
Cela explique à la rigueur que Mme de Nehra
se soit résignée à une union libre, mais cela
n'explique pas pourquoi elle a aimé Mirabeau.
Elle avait résisté longtemps. Séduit par le
charme de cette nature exquise, Mirabeau alla
pendant trois mois la voir chaque jour au
parloir grillé de son couvent sans obtenir
autre chose que des témoignages d'amitié.

Elle nous explique elle-même pour quels
motifs désintéressés elle finit par céder. « Je
m'aperçus, dit-elle simplement, combien le
refus constant de m'attacher à lui le rendait
malheureux, j'osai croire que j'étais la femme
qui convenait à son cœur, j'espérai calmer
quelquefois les écarts d'une imagination trop
ardente ; mais ce qui me détermina surtout,
ce furent ses malheurs. Dans ce moment-là
tout était contre lui : parents, amis, fortune,
tout l'avait abandonné, je lui restais seule, et
je voulus lui tenir lieu de tout. Je lui sacrifiai
donc tout projet incompatible avec nos liai-

sons, je lui sacrifiai une vie tranquille pour m'associer aux périls qui environnaient sa carrière orageuse. Dès lors je fis serment de n'exister que pour lui, de le suivre partout, de m'exposer à tout pour lui rendre service dans la bonne ou la mauvaise fortune. Je laisse aux amis de Mirabeau à juger si j'ai rempli fidèlement cet engagement sacré. »

Elle le remplit avec un dévoûment admirable, souvent même aux dépens de son bonheur. Elle eut à souffrir plus d'une fois, non seulement de la situation précaire dans laquelle se débattait son amant, mais de l'influence qu'exerçaient sur l'imagination mobile et sur les sens corrompus de Mirabeau des rivales indignes d'elle. En dehors de ces heures de passion, il rendait justice à Mme de Nehra, il ne parlait d'elle et il ne lui écrivait que dans les termes les plus tendres, avec un sentiment de respect qu'il n'a jamais témoigné à aucune autre femme. « Je vous jure, disait-il à Chamfort, que je ne la vaux pas, et que

cette âme est d'un ordre supérieur par la tendresse, la délicatesse, la bonté. » — « Chère
amie, lui écrivait-il à elle-même, je n'ai été
heureux qu'un jour en ma vie, celui où je
vous ai connue, où vous me donnâtes votre
amitié.... Il faut renoncer au bonheur lorsqu'on est loin de vous. Depuis les plus petits
détails jusqu'aux pensées les plus hautes,
tout sentiment est détruit lorsque je ne le
partage pas avec vous. » Ce langage délicat
contraste singulièrement avec la passion toute
sensuelle qu'expriment les *Lettres de Vincennes*.

III

Mme de Nehra pouvait bien mettre un peu
d'ordre, d'économie et de décence dans l'intérieur de son ami jusque-là fort misérable.
Mais n'ayant elle-même qu'une modeste
pension viagère, elle était sans cesse débordée
par les goûts de dépense de ce bourreau d'argent.

Les années qui précèdent la convocation
des États généraux sont pour tous deux des
années de gêne et d'embarras financiers,
pour lui des années d'intrigues, d'efforts et de
travail à la recherche d'une position sociale.

Un instant Mirabeau espère s'établir en Angleterre. Ses anciens camarades de la pension Choquard, les deux frères Elliot, y occupaient des positions importantes. L'un d'eux lui ayant donné une marque de souvenir à propos de son ouvrage sur *les Lettres de cachet*, il se persuade qu'il trouvera auprès d'eux un appui, des conseils, peut-être le moyen de faire fortune ou de s'ouvrir une carrière à l'étranger.

Hugh Elliot, alors ministre d'Angleterre à Copenhague, qui avait d'abord témoigné beaucoup de bonne volonté, se refroidit sensiblement sans doute à la suite des renseignements qui lui furent envoyés de France sur son ancien condisciple. Ce fut Gilbert Elliot, membre du parlement, qui accueillit Mirabeau, sans se faire néanmoins aucune illusion sur le compte de son hôte. La correction anglaise ne devait guère s'accommoder du sans-gêne, du débraillé et de la faconde méridionale du voyageur.

« J'ai retrouvé, écrit Gilbert à son frère, notre ancien camarade d'école persécuté,... aussi peu changé que possible par vingt années, dont six se sont passées en prison, et le reste en agitations domestiques et personnelles.... Mirabeau est aussi tranchant dans sa conversation, aussi gauche dans ses manières, aussi laid de visage et mal tourné de sa personne, aussi sale dans ses vêtements, et avec tout cela aussi suffisant que nous nous le rappelons il y a vingt ans. »

L'impression produite sur les femmes de la maison par l'arrivée du nouveau venu est encore moins favorable. « Il a fait une cour si précipitée à Henriette (la sœur des deux Elliot), qu'il ne doutait pas de subjuguer en une semaine, si absolument abasourdi ma John Bull de femme, si bien épouvanté mon petit garçon en le caressant, si complètement disposé de moi depuis le déjeuner jusqu'au souper, tellement étonné tous nos amis, que j'ai eu grand'peine à avoir la paix à son endroit, et s'il n'avait pas été rappelé à l'improviste à la ville, ce matin, je suis sûr que la patience de ma femme, je ne veux pas dire sa politesse, n'y aurait pas tenu. »

Gilbert Elliot n'en rend pas moins justice aux talents, à l'énergie et aux vastes connaissances de Mirabeau ; il le présente même à quelques-uns des plus grands personnages de l'Angleterre, notamment au marquis de Lansdowne et à Burke ; mais il ne réussit pas à lui trouver la position sociale dont son ami a besoin.

Mirabeau ne rapporte d'Angleterre qu'un assez grand mépris pour les Anglais avec une grande admiration pour la liberté dont ils jouissent. Suivant lui, quoiqu'ils aient plus de défauts que la plupart des peuples connus, ils valent mieux qu'eux, uniquement parce qu'ils ont une constitution libérale. C'est bien là l'esprit dans lequel va se faire chez nous la révolution, la donnée première que Mirabeau y apportera.

En attendant l'heure de la délivrance, le voyageur revient en France, où il établit pour vivre une véritable fabrique de brochures et de pamphlets. C'est un moyen de gagner un peu d'argent, c'est aussi un moyen d'être compté par le pouvoir, de lui faire sentir le poids de son influence et d'obtenir de lui quelque faveur en échange. Déclassé et décrié, Mirabeau entend forcer la société à le reconnaître comme une puissance, lui imposer l'ascendant d'une popularité grandissante. Il aborde ainsi les questions à la mode, il parle de finances, de politique, de diplomatie avec une imperturbable assurance.

D'habiles collaborateurs, le banquier suisse Panchaud, Clavière, Dumont de Genève, lui préparent des matériaux, quelquefois même des parties d'ouvrage complètement rédigées; il les retouche, il y met le *trait* et le *vernis*, pour employer ses expressions favorites, et il inonde la France de publications fréquemment composées par d'autres, mais toujours signées du nom sonore de Mirabeau. Il prend à partie tantôt M. de Calonne, tantôt M. Necker, il engage même avec Beaumarchais un duel de plume d'où il ne sort pas à son honneur.

Il serait difficile de distinguer aujourd'hui la part de travail personnel qui lui appartient dans chacune de ces œuvres. Elles sont à la fois trop éphémères et trop collectives pour ajouter quelque chose à sa gloire. Elles indiquent seulement la prodigieuse activité de son esprit et le besoin qu'il a de faire parler de lui. Il poursuit avec passion la célébrité, et il l'atteint. Dès 1787 il peut se flatter en écrivant à Mme de Nehra qu'il n'y ait pas « un salon, un boudoir, une borne qui ne retentisse du nom de Mirabeau ». Vienne maintenant la convocation des États généraux, il sera résolu et tout prêt à y jouer son rôle.

CHAPITRE V

I

Les polémiques de Mirabeau, tout en faisant connaître son nom, comme il le désirait,
lui suscitèrent de cruels embarras. Pour y
échapper, il prit le parti, au mois de janvier 1786, de se rendre à Berlin avec la
double intention d'étudier de près la monarchie prussienne et de chercher au service de
la Prusse une situation que la France conti-

nuait à lui refuser [1]. Malgré les déboires qu'avait éprouvés plus d'un Français et que Voltaire autrefois n'avait pas dissimulés, peut-être espérait-il obtenir quelque chose de Frédéric II. En tout cas il se flattait de trouver bon accueil auprès du prince Henri de Prusse, à la personne duquel était attaché un de ses amis, le marquis de Luchet.

Il partit pour Berlin avec une lettre de recommandation du marquis de Vergennes, ministre des Affaires étrangères. Cette lettre, arrachée sans doute au ministre par l'importunité de quelques amis de Mirabeau, n'avait au fond aucune signification. Le représentant de la France à Berlin ayant marqué son étonnement qu'un homme dépourvu de tout moyen de subsistance connu fût ainsi re-

----

1. M. Alfred Stern dont les informations sont en général si exactes a écrit un chapitre très complet et très intéressant sur le séjour de Mirabeau à Berlin. Tout en se plaignant de l'amertume de quelques jugements, il reconnaît que Mirabeau a observé avec beaucoup de pénétration la lutte des partis et le jeu des passions à l'avènement du nouveau roi, Frédéric-Guillaume II.

commandé, Vergennes répondit cavalièrement :

« La lettre que M. de Mirabeau vous a remise
de ma part ne vous engage à quoi que ce soit
envers ce gentilhomme, et rien ne doit vous
empêcher de vous conduire à son égard avec
la réserve que vous croirez nécessaire. Vous
ferez sagement de ne point lui donner d'accès
familier. »

Frédéric II tira d'embarras le ministre de
France en s'enquérant lui-même du motif qui
amenait dans ses États un tel voyageur. Il
connaissait trop bien la France pour ne pas
avoir entendu parler des deux Mirabeau, du
père et du fils. Voyant ce nom sur la liste des
étrangers arrivés à Berlin, liste qu'il se faisait
remettre tous les jours, il voulut savoir à
quoi s'en tenir et accorda tout de suite une
audience au nouveau venu. Mirabeau profita
de cette ouverture avec sa hardiesse accoutu-
mée. Sous prétexte de remercier le roi de
l'accueil qu'il avait reçu, il lui écrivit pour se

faire valoir, pour parler sur un ton avanta-
geux de sa famille, de l'héritage considérable
qu'il attendait, et il finit par offrir indirecte-
ment ses services.

Le roi ne fit aucune allusion à une offre si
indiscrète et parut même ne pas l'avoir comprise; mais il répondit avec beaucoup de
politesse à toutes les lettres que lui adressa
Mirabeau. La correspondance échangée entre
eux fut considérée comme assez importante
pour être publiée au tome XXV des œuvres
de Frédéric. Mirabeau eut même la bonne
fortune d'être reçu une seconde fois par le
roi à Potsdam et de s'entretenir avec lui pendant près d'une heure. Il parle avec admiration à Mme de Nehra de ce grand vieillard, si
près de sa fin, dont la poitrine était déjà
oppressée, mais dont la pensée restait libre et
l'esprit ferme.

11

De ce côté Mirabeau ne recueillit que des politesses. Aucune espérance ne fut donnée, aucune allusion même ne fut faite à ses idées ambitieuses. Il se flatta un moment d'être plus heureux auprès du prince Henri qui se prit pour lui d'un véritable engouement. « Je sais qu'il y a beaucoup à dire, avouait tout bas le frère du roi, mais cet homme m'amuse infiniment. » L'amusement ne dura guère. Mirabeau, dont son père disait « qu'il était le premier homme du monde pour manger dans la main », ne fut pas plus tôt assuré des bonnes grâces du prince qu'il en abusa étrangement. Il ne parlait de rien moins que d'aller s'installer chez son protecteur au château de Rheinsberg. Le protégé devint si embarrassant qu'on fut obligé de le tenir à distance et même de l'éloigner.

Au moment où les choses se gâtaient pour Mirabeau, uniquement par sa faute, la cour de France commettait une méprise qui allait le renvoyer à la cour de Berlin et lui réserver un rôle en quelque sorte officiel. En prévision de la mort prochaine du roi, le prince Henri avait témoigné le désir qu'on envoyât en Prusse, au début du nouveau règne, un négociateur en qui il pût avoir confiance, avec qui il pût travailler à maintenir l'alliance française qui était le grand ressort de sa politique. Il ne se plaignait pas du ministre de France à Berlin, il demandait seulement un collaborateur plus actif et plus pénétrant. On lui répondit en lui expédiant une seconde fois Mirabeau.

C'était une idée de M. de Calonne qui,

redoutant à Paris la plume du plus audacieux
et plus dangereux des pamphlétaires, se dé-
barrassait de lui en le plaçant à l'étranger.

M. de Vergennes, qui connaissait Mirabeau
à fond, qui avait autrefois demandé son extradition aux États généraux de Hollande, déclina
toute responsabilité dans ce choix. Il ne voulut
ni l'accréditer, ni le payer, ni recevoir sa correspondance.

De son côté, le prince Henri se tint plus que
jamais sur ses gardes. « Je connaissais, dit-il,
les talents de Mirabeau, mais je connaissais
aussi sa moralité!... Je résolus de ne point
m'exposer à ses indiscrétions. Il venait me
voir autant qu'il le pouvait, et je ne le rece-
vais que poliment; il m'envoyait des nouvelles
avec des billets très galants, et je les lui fai-
sais reporter avec des compliments, mais sans
billet; il n'a jamais pu avoir ni ma signa-
ture, ni un mot de ma main. Il a beaucoup
trop d'esprit pour ne pas s'être aperçu qu'il
n'avait pas ma confiance; et moi, de mon

côté, j'étais trop attentif à ses démarches pour
ne pas être assuré qu'il avait surtout à cœur
d'obtenir quelques lettres ou billets de ma
part, quoique j'ignorasse l'usage qu'il proje-
tait d'en faire. »

III

A Paris, la correspondance de Mirabeau
arrivait au Contrôleur général par l'intermédiaire des deux amis qui avaient le plus contribué à lui faire donner une mission secrète,
le duc de Lauzun et l'abbé de Périgord. Celui-
ci surtout, que Mirabeau désignait comme
une des quatre personnes qu'il aimait le plus
au monde, devint son correspondant offi-
cieux. Il recevait ses dépêches chiffrées, les
déchiffrait et en remettait le texte à M. de
Calonne qui les faisait passer sous les yeux
du roi, très friand, comme son aïeul Louis XV,
de toutes les correspondances secrètes.

Dans ce rôle d'intermédiaire Talleyrand donnait à son ami une grande preuve d'amitié. Il ne se contentait pas de lire ses dépêches, il les contrôlait et les retouchait pour en faire disparaître tout ce qui aurait paru choquant. Quoique Mirabeau connût autant que personne l'art des nuances, ses lettres très longues, souvent improvisées, et d'un tour familier, ne gardaient pas toujours la mesure diplomatique. Talleyrand au contraire, né diplomate, en atténuait avec soin les couleurs trop vives pour que le ton en parût correct au Contrôleur général et au roi [1]. Aussi nous expliquons-nous la profonde irritation qu'il éprouva lorsque, plusieurs années

---

[1]. Si Talleyrand n'avait pas eu le parti pris de glisser dans ses *Mémoires* sur les événements et sur les hommes de la Révolution, il aurait mieux que personne tracé le portrait de Mirabeau avec lequel il avait vécu intimement pendant quatre années. Au contraire il ne parle de lui que deux fois et en passant. Cette lacune, comme beaucoup d'autres, est évidemment volontaire. Le public s'est singulièrement mépris quand il accusait M. de Bacourt ou M. le duc de Broglie d'avoir supprimé quelques passages des *Mémoires*. C'est Talleyrand lui-même qui a supprimé ce qui le gênait pour faire bonne figure devant la postérité.

après, Mirabeau commit l'indélicatesse de publier sans atténuation, le texte primitif de sa correspondance en y laissant subsister des anecdotes et des commérages offensants pour les principaux personnages de la cour de Prusse.

La rupture fut éclatante. Quelques efforts que fit Mirabeau pour adoucir son ancien ami, il n'y réussit qu'à son lit de mort. A coup sûr Talleyrand ne se piquait pas d'un excès de scrupules; il se résigna pour réussir à bien des compromis, à bien des capitulations de conscience. Mais il conservait de son éducation première et du monde élégant où il avait vécu, le sentiment très net des bienséances. Il ne fit pas toujours tout ce qu'il fallait pour mériter l'estime, on ne lui refusa jamais la considération. C'est précisément ce qui manquait le plus à Mirabeau dans les années qui précèdent la Révolution, c'est ce que la valeur même de sa correspondance et les rares qualités d'observateur qu'il y déploya ne réussirent pas à lui rendre.

IV

C'est pendant son voyage en Allemagne que
Mirabeau recueillit les informations néces-
saires pour composer son grand ouvrage sur *la
Monarchie prussienne*. Il rencontra à Brunswick
un officier du génie, le major Mauvillon, d'origine française, qui lui fournit en abondance
les renseignements statistiques et économiques dont il avait besoin. Le travail personnel
de Mirabeau fut surtout un travail de rédaction et d'arrangement. Lui-même résume à
merveille la part de collaboration de chacun
lorsqu'il écrit à Mauvillon, le 19 mai 1788 :

« Vous aurez un grand plaisir à revoir *notre ouvrage*, puisque vous voulez que je l'appelle ainsi, un peu refait et repeigné ».

Au fond, il n'y a guère de lui que l'introduction, un certain nombre de réflexions philosophiques, quelques vues financières et la conclusion ; tout le reste appartient à son laborieux et modeste collaborateur. Celui-ci s'efface volontiers pour laisser tout entier le mérite de l'œuvre à l'ami dont il admire le génie et dont il pressent la gloire. Il déclare que c'est Mirabeau qui lui a mis la plume à la main, qui, dans le cours de son long travail, l'a toujours soutenu et encouragé. Sans Mirabeau, il n'aurait ni conçu un si vaste projet, ni trouvé la force de le réaliser.

« Après que j'ai mis au monde le germe, dit Mauvillon, dans son langage original, c'est lui qui en, vrai père, soigna son éducation, redressa quelque membre sain, mais disloqué, enleva quelques loupes, quelques taches déplaisantes et lui donna une parure capable de paraître avantageusement dans le monde. On voit donc qu'il a de grands droits à cet ouvrage, quoiqu'il ne l'ait pas fait, et qu'il a pu, non sans raison, s'en attribuer le mérite. »

L'auteur de *la Monarchie prussienne* professe une sincère admiration pour Frédéric II dont le génie le subjugue. Mais il a été témoin de ce qui s'est passé à Berlin le jour des funérailles du grand roi, il a vu sur les visages l'expression du soulagement et non celle de la douleur. Il ne se dissimule pas les inconvénients d'un pouvoir personnel qui absorbe tout, qui rapporte tout à lui et ne laisse subsister dans l'État aucune valeur indépendante. Cette forme de gouvernement ne peut durer que si le roi est un grand prince. Lorsque les ressorts de la monarchie se détendent, il ne reste personne qui puisse remplacer l'autorité absente. Les sujets dont l'initiative personnelle a été constamment paralysée ne trouvent en eux-mêmes aucune force individuelle pour suppléer à celle qui disparaît.

Quand Frédéric II s'éteint, la liberté n'existe nulle part. Il a réussi à conserver une belle armée et une caste militaire qu'il tient en grande partie de ses prédécesseurs, mais il a systématiquement étouffé dans le reste de la nation tout principe de vie.

Mirabeau, que préoccupent surtout les idées économiques, se plaint particulièrement de l'absence de toute liberté commerciale. Il aurait pu signaler aussi la pauvreté des universités prussiennes, l'ignorance dans laquelle on tient la jeunesse pour la mieux discipliner et la mieux gouverner. Par la faute d'un gouvernement absolu, la Prusse reste un peu en dehors du mouvement intellectuel de l'Allemagne. Les esprits éclairés la jugent avec quelque dédain; aux yeux de Goethe et de ses amis, c'est une terre de hobereaux et de caporaux.

L'auteur de *la Monarchie prussienne* démêle dans l'œuvre de Frédéric II plus d'un germe de mort; il soupçonne par moments que l'édifice élevé par ce grand architecte ne survivra pas à celui qui l'a construit. Il cède néanmoins à une illusion philosophique, il sacrifie aux vieilles haines de la France contre la maison d'Autriche, lorsqu'il nous présente le successeur de Frédéric II comme le défenseur naturel de la liberté, comme l'ami désintéressé des peuples et des princes allemands.

« Citoyens de l'Allemagne, écrit-il naïvement et emphatiquement dans sa conclusion, de quelque rang que vous soyez, regardez l'étendard de la maison de Brandebourg comme le panache de votre liberté. »

Les événements devaient donner de nombreux démentis à cette prophétie optimiste. La Prusse a certainement contribué plus qu'aucune puissance à affranchir l'Allemagne : elle l'a délivrée de l'étranger, mais non pas pour la rendre libre. Elle entendait ne lui assurer l'indépendance que pour la mieux asservir elle-même.

L'ouvrage sur *la Monarchie prussienne* est

le plus grand effort que Mirabeau ait tenté
avant la Révolution pour sortir de pair, pour
prendre rang parmi les écrivains estimés.
On connaissait le brillant de son esprit,
il voulut montrer cette fois sa solidité et
sa force. « Mon amie, écrit-il à Mme de
Nehra, le 22 août 1787, quand cet ouvrage
paraîtra, je n'aurai à peu près que trente-huit
ans ; j'ose le prédire, il me fera un nom, et il
se peut qu'il donne quelque regret à mon pays
de laisser oisif un tel observateur, et d'avoir
mal récompensé de tels travaux. »

Ce grand travail, en quatre gros volumes
in-4 excita, en effet, l'attention. Sans ouvrir
à son auteur l'accès des fonctions publiques,
il donna l'idée d'une étendue de connaissances
et d'une vigueur intellectuelle qu'on ne soupçonnait pas encore.

Il avait eu à Aix des succès d'orateur, à
Paris des succès de pamphlétaire ; il avait
réussi surtout à rendre son nom populaire, à
le faire pénétrer dans toutes les parties du

pays. L'ouvrage sur *la Monarchie prussienne* lui valut des suffrages d'un autre ordre. Les cercles politiques commencèrent à le considérer comme une puissance avec laquelle il fallait compter. La *Société des amis des Noirs*, qui deviendra un foyer de doctrines libérales : le *Club constitutionnel*, qui préparait les élections, lui ouvrirent leurs portes sans se dissimuler le tort que lui faisait son passé, mais avec l'espoir qu'il était destiné à jouer un rôle parlementaire.

CHAPITRE VI

I

Il est temps d'en finir avec la famille et les
années d'apprentissage de Mirabeau. Pour le
bien connaître, nous avions besoin de le
replacer dans le milieu étrange où il est né,
où il a grandi : auprès d'une mère extravagante et cynique, d'un père tout disposé à
jouer au seigneur féodal, tout plein de l'importance de sa race et en même temps pénétré
de l'esprit moderne, aristocrate et philosophe; d'une sœur dévergondée, d'une femme

frivole et légère, au sein d'une famille divisée par les progrès les plus scandaleux et les plus retentissants. MM. Louis et Charles de Loménie ont bien fait de remonter à ces origines. Les trois volumes si attachants et si instructifs que nous leur devons sont la préface nécessaire du drame final.

Les lettres de cachet et les condamnations qui pleuvent sur Mirabeau, le château d'If, le fort de Joux, l'enlèvement de Mme de Monnier, le donjon de Vincennes, l'accumulation des scandales, l'admiration qu'inspirent la variété et la puissance du talent, la popularité grandissant avec le mépris public, tout cela prépare la destinée extraordinaire d'un orateur sans rival. Mais si intéressante que soit la préparation, nous regretterions de nous y attarder trop longtemps.

Nous avons hâte de voir Mirabeau en pleine possession de son rôle, sur le théâtre que son ambition rêve depuis longtemps et que la révolution lui fournit.

Il a frappé jusque-là à toutes les portes. Il a offert ses services au gouvernement anglais, au roi de Prusse, aux ministres du roi de France. Il a employé tour à tour les caresses, l'intimidation, la menace. Il a écrit pour les ministres qui lui donnaient de l'argent, contre ceux qui lui en refusaient.

Rien ne lui a réussi, il reste déclassé, besogneux, réduit pour vivre aux expédients, hors d'état de déployer les rares qualités qu'il tenait de la nature et du travail. Le nouvel ordre de choses, que tout le monde prévoit dans les années qui précèdent 1789, va-t-il lui offrir l'occasion depuis si longtemps cherchée? Tout l'effort de sa pensée est tendu vers cette espérance. Il ne le dissimule pas, il en parle volontiers à ses amis, il attend de la révolution qui va venir l'emploi de ses talents. Il croit même l'avoir trouvé tout de suite au moment de la convocation de l'assemblée des notables, il demande sans succès à être nommé secrétaire de cette assemblée.

Reste maintenant une chance unique qu'il ne faut pas laisser échapper : la convocation des États généraux. Mirabeau met en jeu, pour être élu, toutes les ressources de son intelligence.

D'abord, et avant tout, il est pour lui d'un intérêt capital que la convocation ne soit pas retardée. Le temps presse; il touche à la quarantaine, il est las de l'existence précaire à laquelle il est condamné, las de la modicité et de l'origine équivoque de ses ressources. Ses habitudes de désordre et l'étendue de ses besoins l'ont réduit au triste rôle d'écrivain à gages. Avec un fonds de fierté et de sincérité natives, il écrit le moins qu'il peut contre sa conscience. Il y a des heures, cependant, où la nécessité l'oblige à soutenir des opinions qui ne sont pas absolument les siennes. Il en souffre, il ne le fait qu'à contre-cœur. Cet état de choses cessera, du moins il l'espère, s'il est élu député.

Aussi, parmi tant de milliers de Français

qui demandent à grands cris la prompte convocation des États généraux, personne ne la
souhaite et ne la sollicite avec plus d'ardeur
que Mirabeau. Quoiqu'il ait une opinion personnelle sur le meilleur mode de convocation,
il en fait volontiers bon marché pour ne pas
retarder d'une heure ce grand événement.

En cela, du reste, il est d'accord avec la
grande majorité du pays. Son intérêt se con-
fond avec l'intérêt public. Ne diminuons
pas la portée de son langage en l'attribuant
uniquement à des mobiles d'ordre privé. Il
ne dit rien dont il ne soit profondément
pénétré lorsqu'il fait appel aux sentiments
du roi, lorsqu'il démontre aux ministres qu'on
ne pourra rassurer les esprits et rétablir le
crédit public qu'avec le concours des représentants de la nation.

Le citoyen et l'ambitieux se révèlent également sous une forme presque naïve dans la
lettre qu'il écrit au major Mauvillon en apprenant la convocation définitive des États géné-

raux : « C'est un pas d'un siècle que la nation
a fait en vingt-quatre heures. Ah! mon ami,
vous verrez quelle nation ce sera que celle-ci
le jour où elle sera constituée, le jour où le
talent aussi sera une puissance. J'espère qu'à
cette époque vous entendrez parler favorable-
ment de votre ami. »

II

Il lui reste néanmoins une question redoutable à résoudre. Par quelle porte entrera-t-il
dans la nouvelle assemblée? Il se le demande
avec anxiété en calculant ses chances, en
ne négligeant rien de ce qui peut lui être
utile dans cette circonstance critique. Le
mieux, sans doute, serait d'être appuyé par
le gouvernement. Avant même que le régime
parlementaire ait fonctionné, il a déjà décou-
vert avec sa fertilité ordinaire d'invention
les avantages de la candidature officielle.
En relation avec M. de Montmorin, qui, tout

en le tenant à distance, rémunère ses écrits politiques, il prend résolument le ministre pour confident de ses projets. En échange de l'appui qu'il sollicite, il offre un plan de conduite à tenir, des résolutions à soumettre aux États généraux. Si on veut bien s'en rapporter à lui, il se fait fort de prévenir tout conflit entre les deux pouvoirs. Mais il fixe tout de suite ses conditions et son prix. Il ne livrera son secret que contre la promesse d'un siège de député.

Quoique les pratiques électorales se soient perfectionnées depuis un siècle, on a rarement abordé une question de ce genre avec autant de désinvolture et si peu de scrupules que Mirabeau. « Aurez-vous le courage, écrit-il au ministre, de mettre une fois à son poste de citoyen un sujet fidèle, un homme courageux, un intrépide défenseur de la justice et de la vérité? Sans le concours, du moins secret, du gouvernement, je ne puis être aux États généraux. »

Un peu plus tard, il ne se contente pas d'un appui moral, il demande très nettement des subsides. La campagne électorale sera onéreuse, il espère qu'on lui fournira le moyen de faire face à des dépenses qu'il est hors d'état de supporter.

Il avait d'abord pensé à l'Alsace, puis à la Provence, où l'appelaient naturellement le souvenir de ses premiers succès oratoires et les traditions de sa famille.

Entre temps, pour se ménager une seconde chance, il faisait l'acquisition fictive d'un petit fief en Dauphiné. Il avait à payer, de ce chef, le 20 novembre 1788, une somme de 4 800 livres; il fait prier M. de Montmorin de les lui avancer. « On peut employer plus mal l'argent du roi. Si aux 4 800 francs du fief on ajoutait 100 ou 150 louis au moins, soit pour le transporter dans les provinces où se brassera l'élection, soit pour égayer les électeurs, on mettrait le comble au service. » — « J'ai parlé de 2 000 ou 3 000 écus, dit-il à l'inter-

médiaire auquel il s'adresse. Osez davantage,
si vous le croyez possible. Je vous avoue que
500 louis me feraient un grand plaisir; mais
4 800 francs pour le 20, voilà ce qui m'est
profondément capital. »

Après avoir compté sur l'Alsace, qui l'aban-
donna, et sondé, sans beaucoup de succès, le
terrain en Dauphiné, Mirabeau se rabattit définitivement sur la Provence. C'est là qu'il avait
été applaudi et presque porté en triomphe,
six ans auparavant, lorsqu'il plaidait contre
sa femme; c'était le berceau de sa famille, et,
quoiqu'il n'y possédât rien encore, il pouvait
s'y présenter comme l'héritier des biens sub-
stitués de son père. Mais avant d'engager cette
grosse partie, il jugea prudent de se rapprocher du marquis, qui, depuis plusieurs années,
lui avait impitoyablement fermé sa porte.

Ce rapprochement était difficile Mirabeau
connaissait les griefs que ce père, si souvent
offensé, nourrissait contre lui, et l'antipathie
foncière de leurs deux natures. Aussi prit-il le

parti de se faire recommander et patronner auprès de lui par de puissants intermédiaires, résolu d'avance à accepter toutes les conditions qu'on lui imposerait, pourvu qu'il lui fût permis de rendre visite au marquis. Il se croyait assuré d'un meilleur accueil en Provence s'il y arrivait publiquement réconcilié avec le chef de sa maison. Ce fut l'évêque de Blois que, sur les instances de Mirabeau, M. de Montmorin chargea de cette délicate négociation. Le négociateur, comprenant la difficulté de l'entreprise, demandait bien peu de chose : la simple autorisation de pouvoir dire que le fils était reçu par le père.

A une si modeste ouverture, le marquis répondit par un refus indigné : « J'ai dit à l'évêque, raconte-t-il lui-même, que j'avais assez senti tout le poids d'être père, et que je serais mort à la peine si je n'avais pris le parti d'ignorer et d'oublier les membres pourris; que je n'avais de ma vie vu et pratiqué gens mal famés, et qu'il était bien dur qu'on me voulût forcer à frayer avec mon fils, l'ennemi fougueux et déclaré du genre humain.... J'ai ajouté à cela que je l'avais mis à même de faire honneur à son nom; qu'à vingt ans il était capitaine de dragons; à vingt-quatre, mari d'une grande héritière et assuré de la plus forte partie du bien de ses pères; qu'aujourd'hui, à quarante, il n'était qu'un écrivailleur à gages, redouté du plus grand nombre, méprisé de tous et chef de meute de ce tas de gens perdus de dettes et de crimes qui infestent toutes les grandes sociétés décousues, et il faut tout à coup que je l'avoue parce que cela lui plaît.... Puisque des ministres s'intéressent à lui, qu'ils le mettent à même de se relever par quelques services, qu'on en fasse un homme, et alors je pourrai le voir comme homme public. »

Après cette première explosion de colère, le marquis se radoucit, mais en faisant toutes ses réserves. Il ne veut rien savoir ni des plans ni des projets de son fils; il ne le recevra pas à Argenteuil, où il est allé pour chercher le repos, mais seulement à Paris, quand il y sera rentré. Encore les visites de Mirabeau devront-elles être peu fréquentes et annoncées à l'avance. « Ce que je redoute, écrit le marquis, c'est la facilité de ce drôle-là pour entrer en conversation et se mettre à son aise. »

Au fond, Mirabeau n'en demandait pas davantage. Saisissant l'occasion qui s'offre à lui, il essaye de rentrer tout à fait en grâce par un coup de maître.

Après avoir joué un rôle et tenu une place importante parmi les économistes de l'école physiocratique, le marquis vieillissait un peu oublié, quelquefois même ridiculisé par les générations nouvelles. Son fils lui procure une jouissance devenue rare en lui dédiant, dans les termes les plus respectueux et les plus flatteurs, le grand ouvrage qu'il publie sur la monarchie prussienne.

Voici l'exorde insinuant de cette habile

dédicace : « Au philosophe patriote, qui a joui d'une gloire juste, qui est demeuré l'*ami des hommes*, parce qu'ils ont reconnu qu'un véritable zèle pour leur bonheur animait ses écrits, qui a fait de l'agriculture l'affaire la plus importante des gouvernements, qui a flétri l'odieux impôt des corvées, qui a demandé les assemblées provinciales, c'est-à-dire pour chaque province une administration particulière dans laquelle les propriétaires eux-mêmes ou leurs représentants seraient chargés de répartir les impôts, de diriger les travaux publics, d'être les organes de l'autorité envers le peuple, ceux des besoins et des droits du peuple envers l'autorité. »

Après avoir ainsi préparé le terrain Mirabeau termine par un aveu et par un regret de ses fautes qu'il juge de nature à émouvoir son père.

« Plus j'ai avancé dans ce travail, dit-il adroitement, plus j'ai senti qu'il m'était convenable de vous le dédier; et comme à un

des inventeurs de cette belle science de l'économie politique qui doit faire un jour le
bonheur du monde, et pour compenser un
peu, mon père, par cet emploi honorable de
mon âge mûr, les peines qu'a pu vous causer
ma jeunesse orageuse. Vous ne pourrez voir
avec indifférence que je devienne véritablement utile. Cette idée, qui fait mon espoir et
ma consolation, m'enhardit à mettre l'ouvrage
et l'auteur à vos pieds. »

Cette fois, la glace est rompue. Si le
cœur résiste encore, l'amour-propre, satisfait, ne résiste plus. Le père lit avec attention, presque avec émotion, l'œuvre considérable du fils. Il y trouve assurément matière
à critique. Les idées antireligieuses qui y sont
exprimées blessent ses sentiments; mais il
est confondu de l'immensité du labeur et
admire en connaisseur la force de la pensée
et la hauteur des vues.

Au moment où il vient de terminer sa lecture, il appelle son fils « un centaure de tra-

vail, ne fût-il que collecteur, compilateur, éditeur; l'homme le plus rare de son siècle, et peut-être un des plus rares que la nature ait produits, si la *directité* dans les vues lui eût été en même temps accordée ».

Il avait suivi du reste avec un singulier mélange de sévérité et d'orgueil la carrière grandissante de l'héritier de son nom. Quoique ce caractère lui fût odieux, il a peut-être deviné mieux que personne la puissance du talent et pressenti avant tout le monde les hautes destinées qui attendaient son fils. Hors d'état de se présenter lui-même aux électeurs de Provence, à cause de son âge et de ses infirmités, le marquis de Mirabeau n'était pas fâché que le nom dont il était si fier fût remis en lumière par un des siens. Cette idée lui plaisait d'autant plus que le comte s'effaçait modestement devant lui et ne voulait être candidat qu'à défaut de son père.

L'orgueil de caste et de race qui avait

inspiré toutes les actions du marquis trouvait son compte dans cette candidature. N'était-il pas naturel, nécessaire même, qu'une famille si considérable et si illustre à ses yeux fût représentée aux États généraux? Il sentait d'instinct que ce fils décrié, mais plein de feu, d'éloquence et d'audace, allait remuer sa vieille province et y rajeunir la gloire de sa maison. Quelle revanche possible de la destinée! quelle compensation à tant d'amertumes et de déceptions qui avaient assombri son existence! Le grand rôle qu'il avait rêvé, que le désordre de sa fortune, que le dévergondage de sa femme et de ses enfants l'avaient empêché de jouer, son fils le jouerait peut-être. Le nom sonore des Mirabeau, par lequel ses ancêtres avaient remplacé les obscurs Riquetti, retentirait encore une fois à travers la Provence.

Le vieux gentilhomme dont la vie avait été si dure, malgré son énergie et ses talents, éprouvait à cette pensée un frémissement d'orgueil. On dirait qu'au moment de mourir, avec la clairvoyance qu'ont souvent les mourants, il lisait plus clairement que personne dans l'avenir de sa race. La lettre qu'il écrit en janvier 1789, lorsque son fils part pour la Provence, a presque le caractère d'une prophétie.

« De longtemps, écrit-il, ils n'auront vu une telle tête en Provence ; le *calus* qui n'en faisait que de l'airain sonnant avec fougue est rompu ; je l'ai vérifié par moi-même et dans quelques conversations et communications j'ai aperçu vraiment du génie.... Un travail infatigable qui est vraiment unique, son ne douter de rien, et sa hauteur innée, jointe à beaucoup de ce qu'on appelle esprit, en ont fait un personnage et dans la banque et dans l'imprimerie, surtout dans la politique moderne.... La populace des écoutants voit en lui l'homme qui a détruit en France la banque de Saint-Charles, terrassé le fantôme des Eaux Périer, dénoncé et accablé les

agioteurs,... tandis que des manières nobles,
le faste des habits en un siècle de mode
dépenaillée, les doubles et triples secrétaires
et antichambre peuplée, hauteur respectueuse
avec les grands, consortie et primauté d'éloquence avec les docteurs, plaisanterie gaie
et noble avec les femmes, et impétuosité
dominante avec tout ce qu'il met en œuvre,
en font un personnage chargé de reliques, qui
semblent tenir à la peau. »

III

Quel accueil allait faire la Provence à ce
descendant d'une des plus nobles familles
du pays?

Mirabeau y arrivait sans parti pris, avec
l'unique résolution d'être député, tout prêt
à s'entendre avec ceux qui assureraient son
élection. Sa place était marquée dans l'ordre
de la noblesse; il y serait certainement resté
si on l'eût bien accueilli. Mais là se trouvaient précisément quelques-uns de ses anciens
adversaires, des parents et des amis de sa
femme qui, autrefois, avaient pris parti contre

lui dans son procès. On lui témoigna, dès le début, une défiance injurieuse. On essaya même de l'exclure, sous prétexte qu'il n'avait pas produit en temps utile ses preuves généalogiques [1].

Il retrouve au contraire dans la bourgeoisie, chez les jeunes gens, parmi les membres du barreau, l'ardente sympathie qui avait accueilli six ans auparavant ses débuts oratoires. Portalis nous le montre tel qu'il parut en public à la procession qui précède l'ouverture des états de la province, encore indécis entre les deux voies à suivre, n'ayant pas dit son dernier mot, mais tenant à montrer tout de suite par son attitude indépendante qu'il faudra compter avec lui.

« Il marchait en quelque sorte entre la

1. « On commence par me refuser ma place aux États, écrit-il à son père, parce que mes preuves n'ont pas été faites un mois d'avance. Je ne me fâche point, mais je fais entendre assez clairement que si je ne suis pas noble, il faut que je sois roturier. Ma boussole sera ceci : il faut être des États généraux. Il y a un mois j'aurais incontestablement enlevé mon élection ; aujourd'hui il ne me reste évidemment que la chance du Tiers. »

noblesse et le tiers état, et le dernier de l'ordre de la noblesse.... Son œil perçant et scrutateur parcourait la foule des spectateurs, et semblait interroger la multitude de son regard provocant. Il portait la tête haute et renversée en arrière. Il appuyait la main droite sur le pommeau de son épée, et tenait sous son bras gauche un chapeau à plumet blanc. Son épaisse chevelure, relevée et crespée sur son large front, se terminait en partie à la hauteur des oreilles, en épaisses boucles. Le reste, rassemblé derrière sa tête, était enroulé dans une large bourse de taffetas noir, qui flottait sur ses épaules. Sa laideur avait quelque chose d'imposant. »

Quelques jours plus tard, son parti est pris Il n'y a rien à attendre de l'esprit étroit et des préjugés de la noblesse provençale[1]. Il se tourne alors vers le tiers état, dont il appuie

---

1. « Je n'ai jamais vu un corps de noblesse plus ignorant, plus cupide, plus insolent, écrit-il à sa sœur Mme du Saillant. Ces gens-là me feraient devenir tribun du peuple malgré moi, si je ne me tenais à quatre. »

énergiquement les vœux. La noblesse demande qu'on nomme par ordre les députés aux États généraux. Il insiste pour qu'on les nomme, au contraire, dans une assemblée des trois ordres. Il a calculé ses chances; il sait, comme il l'écrit à un de ses secrétaires, que ce mode d'élection assurera son succès.

Le voilà maintenant engagé dans la bataille. Il la livrera avec la fougue de son tempérament. Déjà le peuple l'acclame et couvre de huées ses adversaires. Que sera-ce lorsque le public connaîtra son second discours, que les commissaires du roi l'ont empêché de prononcer, mais dont personne n'a le droit d'arrêter l'impression?

Comment lire de sang-froid ces pages enflammées qui conviennent si bien au tempérament méridional, qui traduisent avec tant de force les sentiments publics! Quand il se compare au dernier des Gracques, quand il menace de lancer vers le ciel une poussière d'où naîtra Marius, il évoque les souvenirs toujours vivants de la vieille province romaine, il ressuscite les images des grands ancêtres, il fait passer dans les cœurs un frisson d'enthousiasme. Quand il maudit les ordres privilégiés en leur opposant les souffrances et les droits du peuple, il répond à ce qu'il y a de plus intime dans la conscience populaire.

Avant d'être élu, il est déjà salué comme le chef désigné du tiers par les acclamations de la foule. Au retour d'un rapide voyage qu'il a été obligé de faire à Paris, partout où il passe sur le territoire provençal, il trouve des députations qui l'attendent. Hommes, femmes, enfants, prêtres, soldats, paysans l'accueillent aux cris répétés de : « Vive le comte de Mirabeau, vive le père de la patrie! » Les cloches sonnent, on tire des feux d'artifice, on veut dételer sa voiture pour la traîner. Le jour où il arrive à Aix, 10 000 personnes se pressent sur son passage. Il a peine à gagner le logis qui lui a été préparé, place des Prêcheurs. Les jeunes gens de la bourgeoisie ont orga-

nisé une cavalcade pour le recevoir. La chaise
à porteurs, qui le mène pour dîner chez un
de ses amis, est en un instant chargée de cou-
ronnes. Une escorte de tambourins et de
galoubets l'accompagne. Le directeur de la
Comédie lui demande de paraître au théâtre.
La nuit venue, toute la ville s'illumine.

On reconnaît les populations du Midi à ces
démonstrations bruyantes et enthousiastes.
Elles-mêmes retrouvent en Mirabeau une
nature essentiellement méridionale, véhémente
et passionnée. Un homme du Nord serait
moins expansif, moins vibrant, en communication moins directe avec la foule. Les Pro-
vençaux acclament l'enfant de la Provence,
l'orateur qui a su parler à leur imagination et
à leur cœur, qui emploie naturellement, pour
les séduire, leur langue chaude et colorée.

N'oublions jamais, en étudiant la nature de
son éloquence et les causes de sa popularité,
qu'il doit en grande partie ses qualités oratoires à la race dont il sort, au tour d'esprit, à

la vivacité de conception et d'expression des peuples du Midi.

Il y a entre ses électeurs et lui comme un courant magnétique qui les emporte dans une même ivresse. Lorsqu'il parlait plus tard à ses amis de ces ovations populaires, il en paraissait encore enivré. « Le voilà, disait Duroveray, qui se voit comte de Provence. — Eh bien, reprenait Mirabeau, beaucoup d'autres sont partis de plus bas. »

A Marseille, il recevait le même accueil qu'à Aix. Son ambition y trouvait son compte. Ne serait-il pas glorieux d'être élu en même temps dans deux sénéchaussées? Pour plus de sûreté, avec une notion très précise et très moderne de ce que peut la réclame, il se recommandait lui-même aux Marseillais dans une brochure anonyme. En cette circonstance encore, son tempérament d'aventurier et sa nature méridionale le servaient à merveille. Il ne se laissait arrêter ni par des scrupules, ni par des délicatesses inutiles. Il ne craignait pas de frapper fort, d'employer au besoin les procédés et le langage d'un charlatan pour éblouir les imaginations.

Dans le portrait qu'il trace de sa personne, il se présentait comme le libérateur de la Provence, comme l'orateur le plus éloquent de son siècle. A l'en croire, « sa voix dominait dans les assemblées publiques, comme le tonnerre couvre le mugissement de la mer; son courage étonnait encore plus que son talent, sa vie publique depuis quinze années était une suite de combats et de triomphes ».

Heureusement ces notes fausses et criardes, ce ton de déclamation vulgaire ne sont pas dans les habitudes de Mirabeau. Il s'en sert pour les besoins de sa cause, comme la plupart des Méridionaux, il n'en sent même pas le ridicule, au moment où il les emploie. Il a ainsi un avantage sur les délicats, qui pour rien au monde, même pour réussir, ne se résigneraient à commettre une faute de goût. Mais une fois les premières fumées de la bataille dissipées, il retrouve la pondération et l'équilibre qui sont les vrais signes de la force.

Son génie est fait de raison en même temps que de passion. S'il a tous les emportements d'une nature fougueuse, il a aussi tous les retours du bon sens. Ses idées sont beaucoup plus modérées que ne le ferait croire la véhémence de son action oratoire. Une partie de sa fougue s'évapore en paroles. C'est encore là un trait de caractère qui trahit son origine. Comme il faut distinguer, dans tout le Midi, entre la chaleur de l'expression et le fond même des idées! Que de choses y sont purement verbales et extérieures! Que de paroles sortent des lèvres, sans que la tête soit vraiment troublée, ou le cœur vraiment ému!

IV

Nous venons de voir Mirabeau sous la figure
d'un révolutionnaire. Un instant après, il nous
apparaît comme un sage et un modérateur.
Avant de jouer successivement ces deux rôles
dans l'Assemblée nationale, il les a déjà joués
dans sa province.

Nulle part, la période qui précéda les élections ne fut plus tumultueuse qu'en Provence.
Les souffrances étaient grandes, beaucoup
d'oliviers avaient été gelés pendant l'hiver [1];

1. « On dirait, écrit Mirabeau à son père, que l'ange
exterminateur a frappé l'espèce humaine d'une extrémité

les opérations électorales du premier degré,
qui commencèrent le 15 mars 1789, amenè-
rent dans chaque communauté des réunions
et des conciliabules. En rédigeant les cahiers
particuliers qui devaient servir à la rédaction
des cahiers provinciaux, on parla naturellement de la misère publique et des moyens d'y
remédier.

Les têtes s'échauffèrent, l'idée se répandit
que, par la volonté même du roi, la convocation des États généraux allait être le signal
d'un changement absolu dans les conditions
et dans les fortunes. Les impôts de consom-
mation pesaient lourdement sur le peuple, on
en exigea la suppression immédiate, on mal-
traita les agents et on détruisit les bâtiments
affectés à leur perception. On somma les officiers municipaux d'abaisser le prix courant

du royaume à l'autre. Tous les fléaux sont déchaînés. J'ai
trouvé partout des hommes morts de froid et de faim, souvent le pain à cinq sous la livre, jamais à moins de trois
sous sept deniers. On périt d'ailleurs de misère au milieu
du blé faute de farines. Tous les moulins sont gelés. »

des denrées comestibles, les seigneurs de renoncer à leurs droits seigneuriaux, les propriétaires de remettre les fermages qui leur étaient dus.

Quarante ou cinquante insurrections éclatèrent en quelques jours sur tous les points de la Provence, le sang coula, des malheureux furent massacrés. A Marseille l'émeute prit rapidement des proportions inquiétantes pour la sécurité publique. L'hôtel de ville fut assiégé par une foule armée de pistolets et de bâtons qui exigeait la diminution du prix de la viande et du pain. On commença à casser les vitres, à enfoncer les portes, et on ne laissa sortir les officiers municipaux qu'après avoir obtenu satisfaction. La maison de l'intendant et celle du fermier de la ville furent saccagées.

Dans la crainte de plus grands désordres, un admirateur de Mirabeau sollicita son intervention. « Tout est perdu, lui écrivait-il, s'il faut céder au peuple; tout est détruit si l'on emploie la force. Votre présence peut-être calmerait les choses. Quand on n'attend plus rien des hommes, il faut bien recourir aux dieux. » Avec l'agrément du commandant militaire de la province, Mirabeau répondit à cet appel, usa de sa grande popularité pour calmer les esprits et assura provisoirement la paix de la rue en constituant une milice bourgeoise.

Il fit plus, il donna un exemple de courage civique en exhortant publiquement le peuple à la modération. Dès les débuts de sa vie politique, les deux tendances de son esprit se dessinent déjà. Hardi dans la lutte contre les abus, il ne l'était pas moins dans la défense de l'intérêt social. Si, malgré son intervention d'un jour, la ville de Marseille continua à être agitée pendant les années suivantes, il n'en est pas responsable. Il avait fait courageusement tout ce qui dépendait de lui pour y rétablir l'ordre.

En revenant de Marseille, Mirabeau fut plus heureux encore à Aix, où la foule menaçait les autorités et pillait les greniers publics. Comptant sur son influence, le gouverneur militaire lui confia la police de la ville. Tout se calma aussitôt, sans qu'il eût d'autres précautions à prendre que de remplacer la troupe par une milice bourgeoise. Quand il eut parcouru les rues à cheval et assuré le peuple qu'il fallait tout attendre de la bonté du roi, on lui obéit; avec la mobilité et la facilité d'impression des populations méridionales, on embrassait ses mains et ses habits, on l'appelait le sauveur et le dieu de la province. La confiance en lui était si grande que la paix fut rétablie pour longtemps.

Quelques jours après avait lieu la nomination des députés aux États généraux. A Aix, comme on s'y attendait, Mirabeau fut élu le premier des députés du tiers, à une très grande majorité. Il fut élu aussi à Marseille, mais le quatrième seulement après plusieurs tours de scrutin. Il opta naturellement pour la ville qui lui avait donné le plus de suffrages. Il s'en excusa auprès des Marseillais en allant prendre congé d'eux avant de partir pour Paris. Le soir de son départ, quatre cents jeunes gens à cheval, portant des torches, escortèrent sa voiture qu'ils avaient ornée de chêne et de laurier.

CHAPITRE VII

1

Malgré ces services rendus à sa province,
Mirabeau arrivait aux États généraux précédé
d'une réputation détestable. Peu de personnes
connaissaient le bien qu'il venait de faire, mais
tout le monde était au courant des scandales
de sa vie. Tout récemment encore, il avait
attristé ses meilleurs amis en sacrifiant Mme de
Nehra, si dévouée et si bonne, à une femme
qui ne la valait pas.

La publication de l'*Histoire secrète de la cour de Berlin* avait été jugée plus sévèrement encore par la société parisienne. Personne ne comprenait qu'un Français chargé d'une mission à l'étranger abusât de l'accueil presque officiel qui lui avait été fait pour déshonorer la cour auprès de laquelle il était accrédité. On le comprenait d'autant moins que l'auteur se vantait d'avoir reçu de bons traitements des personnages dont il disait le plus de mal. Il ne semblait pas supportable que le prince Henri de Prusse fût récompensé de sa bienveillance par des indiscrétions et des commérages publiés sur son compte. La présence du prince à Paris, au moment de la publication, avait encore augmenté le mauvais effet produit sur le public.

La courtoisie française se révoltait de cette double violation des lois de l'hospitalité. Talleyrand, qui avait été avec le duc de Lauzun le correspondant de Mirabeau et son intermédiaire auprès du ministre, ne lui pardonna jamais un procédé si incorrect. La réprobation fut si générale et si vive que, malgré l'extrême tolérance dont on commençait à user envers les écrivains, le parlement fit brûler l'ouvrage par la main du bourreau.

Ce souvenir, qui datait de quelques jours à peine, hantait encore les esprits à la séance d'ouverture des États généraux. On venait d'applaudir d'abord le duc d'Orléans, puis les députations de Bretagne et de Dauphiné lorsque la députation d'Aix parut. Une timide velléité d'applaudissements fut aussitôt couverte par un murmure désapprobateur, qui s'appliquait manifestement à la personne de Mirabeau.

Quelques jours encore, pendant la période de négociations et d'attente, avant que les États généraux se fussent constitués en assemblée nationale, le député d'Aix resta isolé, presque tenu en quarantaine. Il s'en plaignait à Dumont de Genève, tantôt avec véhémence, tantôt avec l'accent d'une véritable douleur.

Son cœur qui resta toujours bon, malgré ses fautes, souffrait de cet ostracisme. Il avait besoin d'aimer et d'être aimé. Il s'affligeait d'une sévérité dont son inconscience morale ne comprenait pas bien les causes et qu'il n'aurait pour son compte appliquée à personne.

Une telle situation ne pouvait se prolonger. Le talent a une puissance qui s'impose aux hommes assemblés. Mirabeau y joignait le don de la séduction, un esprit aisé et charmant, une grâce naturelle qui l'avait souvent rendu irrésistible auprès de ceux dont il voulait conquérir les suffrages.

Personne, d'ailleurs, n'était mieux préparé que lui à jouer un rôle politique. Comment n'eût-on pas été frappé de l'étendue et de la variété de ses connaissances? Non seulement aucun de ses collègues, mais aucun homme de sa génération n'avait accompli un travail comparable au sien. Aucune des questions du moment ne lui était étrangère. Il avait écrit sur toutes, il avait exprimé sur toutes des idées personnelles ou qui étaient devenues siennes grâce à une rare faculté d'assimilation. A travers les désordres de sa vie, ses habitudes laborieuses ne s'étaient jamais démenties. Il recueillait dans l'héritage paternel, avec les principes de l'instruction la plus solide, le goût passionné de l'étude. Comme son père, il ne cessait d'écrire, de composer, de publier. Tous deux avaient vécu, pour ainsi dire, la plume à la main.

Histoire, politique pure, diplomatie, finances, économie sociale, que de sujets Mirabeau n'avait-il pas abordés depuis sa jeunesse! Que d'œuvres accumulées en un court espace de temps : *Essai sur le despotisme, Avis aux peuples de l'Allemagne, Lettres de Vincennes, Essai sur la tolérance, Histoire de Philippe II, Lettres de cachet et prisons d'État, Monarchie prussienne, Histoire secrète de la cour de Berlin,* sans parler des écrits de circonstance, des brochures publiées contre M. de Calonne, contre Necker, contre Beaumarchais; sans parler des volumes de notes secrètes adressées au ministre des Affaires étrangères. Il avait fait tenir en quinze ans le labeur de toute une vie.

Quel fonds solide pour les luttes oratoires! quelle supériorité un homme si bien armé n'aura-t-il pas dans le détail et dans la discussion des affaires? Sous les formes heureuses de l'improvisation la plus brillante, on reconnaîtra toujours la solidité de la préparation. La chaleur et l'émotion de la bataille pourront amener sur les lèvres de l'orateur des hardiesses ou des bonheurs d'expression; en ce qui concerne les idées elles-mêmes, il en sera depuis longtemps imprégné. Les souvenirs classiques, les citations modernes, les comparaisons entre les différents états et les constitutions différentes couleront en quelque sorte de source au premier appel de sa volonté.

En lisant les discours conservés des orateurs modernes les plus célèbres, nous sommes quelquefois étonnés du vide de la pensée. Quand la voix, l'accent, les gestes, la mimique, l'action oratoire, tout ce qui exerce une influence physique sur les hommes, ont disparu, il ne reste presque rien. Nous éprouvons une impression analogue à celle que nous causent certains portraits où tout est calculé pour la mise en scène, où nous cherchons inutilement un corps sous les couleurs éclatantes des étoffes. Ces discours éphémères ont produit tout leur effet au moment où ils étaient prononcés, ils ont passionné les assemblées ou les foules. Aujourd'hui, cette chaleur, ces mouvements d'éloquence, ces figures de rhétorique et ces prosopopées sont refroidis, comme la lave quelques jours après l'éruption du volcan.

Presque seul Mirabeau résiste à la lecture, parce qu'il nous apprend toujours quelque chose, parce qu'il connaît à fond et en général de première main les questions qu'il traite.

Son instruction si étendue n'a pas d'ailleurs le caractère d'une encyclopédie théorique ; il s'y mêle un grand fonds d'expérience et d'observation pratique. Personne ne s'enferme moins que lui dans des formules spéculatives. Il a trop vécu au milieu de ses semblables, il a trop éprouvé les vicissitudes de la vie pour ne pas se plier aux circonstances. Nous avons déjà eu, nous aurons souvent encore la preuve de la souplesse de son esprit. Sa connaissance des hommes égale sa connaissance des choses.

Que de physionomies diverses et opposées n'a-t-il pas eu occasion d'observer dans le cours de son aventureuse existence ! Destiné à faire partie d'une caste, il en est sorti de bonne heure pour explorer les alentours et bientôt la société tout entière. Comme le dit justement M. Charles de Loménie, « il a frayé avec toutes les classes sociales en France et à l'étranger. Il est monté dans les carrosses du Roi Très-Chrétien, il a fréquenté des princes et

des ministres, et pourtant il a eu des rapports
de familiarité avec des petits hommes de loi,
des artistes, des journalistes, des libraires, et
jusqu'à des inspecteurs de police. Il a lui-
même passé par toutes les conditions, exercé
tous les métiers, lutté contre toutes les difficultés. »

Par là encore il est supérieur à la plupart
de ses collègues. En est-il un seul parmi eux
qui soit plus libre que lui de préjugés, plus
au courant de ce que peuvent désirer et
souffrir les hommes de chaque condition?
Cette supériorité se révélera bientôt lorsque
viendra l'heure des grandes résolutions et des
grands débats.

En attendant, Mirabeau ronge son frein. Se
sentant isolé, tenu à l'écart, il veut forcer la
cour et en même temps l'assemblée à compter
avec lui. Déjà le jour même de l'ouverture des
États généraux, il avait projeté d'attirer l'attention sur sa personne par un coup d'éclat.
Il entrait en séance avec un discours écrit

qu'il se proposait de lire, contrairement à l'étiquette, sans en avoir obtenu l'autorisation du roi.

Frochot nous a conservé ce curieux morceau. Mirabeau s'y adressait directement à Louis XVI pour lui demander de faire délibérer les trois ordres en sa présence sur la question de savoir s'ils devaient se séparer ou rester unis. C'eût été épargner à la royauté un grave échec. Il valait mieux à coup sûr aller au-devant d'une nécessité inéluctable que se la laisser imposer et arracher plus tard comme une concession faite de mauvaise grâce. En prenant tout de suite une résolution de cette nature, Louis XVI eût gagné en force morale tout ce qu'il devait perdre à bref délai, par une résistance inopportune suivie d'une capitulation humiliante.

Dès le premier jour où Mirabeau siégeait dans l'assemblée, il y témoignait de son grand sens politique en indiquant la première mesure qu'il était nécessaire de prendre si l'on voulait conserver le bénéfice encore intact de la popularité. Il prévoyait sagement que toute opposition ou même toute hésitation sur ce point serait grosse de périls. Seulement il en était réduit pour exprimer sa pensée à un procédé incorrect qui lui laissait peu de chances de succès. Il se leva, en effet, pour lire son adresse lorsque les discours des ministres furent achevés; mais le roi qui s'y attendait se leva en même temps et mit fin à la séance. Les cris de « Vive le roi! » qui retentirent alors empêchèrent même que la tentative fût remarquée.

II

N'ayant pu se faire entendre, Mirabeau voulait au moins être lu. Le 5 mai 1789, il commençait la publication d'un journal politique indépendant, comme si les anciennes barrières avaient déjà disparu, comme si la liberté de la presse devait dater du jour même où se réunissaient les États généraux. Il préjugeait la question avant qu'elle fût posée. Le gouvernement, qui ne laissait publier jusque-là que des feuilles privilégiées et censurées, répondit à la provocation en supprimant le premier numéro du journal.

Redoublant d'audace, Mirabeau, dont les électeurs du tiers état de Paris avaient pris la défense, transforma son journal en un compte rendu de son mandat qu'il était bien difficile de supprimer. Comment interdire à un député de rendre des comptes à ses électeurs? En prenant ainsi une attitude d'opposition, le député d'Aix avait bien soin de distinguer entre la personne du roi et celle de ses ministres. Au moment où il ménageait le moins ces derniers, il parlait du souverain avec toutes les formes du respect et de la reconnaissance.

Ce n'était pas chez lui une simple formule de politesse, un souvenir de ce qu'il devait aux traditions de ses ancêtres. C'était le fond de sa pensée politique. Il croyait fermement qu'au milieu d'une crise dont il avait compris tout de suite la gravité, la France ne pouvait être sauvée que par l'union de la nation et du roi. Il ne doutait pas que les ordres privilégiés ne fussent condamnés sans rémission. La royauté se perdait en s'appuyant sur eux.

Si au contraire elle faisait cause commune avec le peuple, comme elle l'avait fait bien des fois dans l'histoire de France, elle sortait régénérée et rajeunie de la crise révolutionnaire.

Dans ses conversations, dans sa correspondance, Mirabeau exprime cette idée à plusieurs reprises. Comme Sieyès, il a mesuré la force des deux partis qui divisent l'assemblée : d'un côté les deux ordres privilégiés, représentant deux cent mille personnes, de l'autre le tiers état représentant vingt-cinq millions de Français, c'est-à-dire la nation. Pourquoi le roi, que rien n'y oblige, qui avant la convocation des États généraux s'est rendu justement populaire en assurant la prépondérance du tiers, compromettrait-il sa popularité au profit des deux ordres dont la défaite est certaine ?

Sur ce point, le tiers ne peut céder. Il a reçu partout de ses commettants le mandat formel de voter par tête et non par ordre. Il y a même des membres de la noblesse et une partie du clergé qui reconnaissent la justesse de cette revendication.

On a beau invoquer le souvenir des anciens États généraux, parler de traditions et de constitution à respecter, ce sont là des arguments de pure métaphysique. Si les États généraux avaient été permanents, ils se seraient réformés d'eux-mêmes. N'est-ce pas un rêve de vouloir appliquer aux besoins du présent une procédure et des formes qui n'ont pas été employées depuis deux siècles?

Parmi les libéraux les plus modérés, personne ne s'y méprenait. Voter par ordre, c'était retourner à l'ancien régime ; voter par tête, c'était satisfaire l'intérêt public, répondre au vœu clairement exprimé par la nation. Comment la cour pouvait-elle hésiter entre les deux partis? Ne valait-il pas mieux que le roi cédât tout de suite pour conserver tout son prestige? C'était en quelque sorte malgré lui, à son corps défendant, que Mirabeau travaillait à enlever de haute lutte ce qu'il aurait mieux aimé obtenir par la persuasion.

La noblesse persistant à délibérer séparément sans se réunir au tiers, et le roi semblant encourager une résistance qu'il dépendait de lui de faire cesser, les voies paraissent fermées à la conciliation. La guerre va éclater tout au moins entre deux des trois ordres. Le troisième hésite. Le bas clergé tend à se rapprocher du tiers avec lequel il a des affinités d'origine et de milieu; le haut clergé, au contraire, ne se sépare pas de la noblesse. Quelques députés entrevoient même la possibilité de créer deux assemblées, au lieu d'une, en partageant le clergé entre les deux. On eût constitué ainsi, comme en Angleterre, une chambre haute et une chambre basse.

Ce n'eût pas été à coup sûr une conception impolitique. Mais les passions étaient trop excitées pour qu'on pût s'arrêter à un moyen terme. Les membres du tiers état, sentant leur force, veulent aller jusqu'au bout d'une victoire qui ne peut plus leur échapper. Ils avaient commencé par établir un ordre de délibération et par adopter le titre de députés des communes.

Comme un général qui étudie son champ de bataille et ses chances de succès, Mirabeau reconnaît tout de suite que la noblesse est irréductible. Ce serait perdre son temps que de conférer avec elle. Mais le salut peut venir des hésitations et des divisions du clergé. Celui-ci a sur la terre une mission de paix. En faisant appel à son esprit de concorde, on le décidera peut-être à se réunir, à délibérer dans la même salle que les communes. Mirabeau propose en termes pleins de déférence de lui envoyer une députation.

Cette démarche met fin à une lutte qui durait depuis six semaines, au grand préjudice de l'autorité royale et de l'intérêt public. Le 17 juin 1789, quelques ecclésiastiques se joignent aux députés des communes pour former l'Assemblée nationale, la majorité du clergé se rallie le 19 à la vérification des pouvoirs en commun et se réunit le 22 aux membres du tiers.

Le titre d'Assemblée nationale n'avait pas été adopté sans discussion. Mirabeau, qui en proposait un plus modeste et qui fut ce jour-là très mal accueilli par ses collègues, avait réservé en tout cas la sanction royale. Une assemblée unique et toute-puissante lui faisait peur. Il entendait que le nouveau pouvoir législatif fût limité par la prérogative du roi : « Je ne connaîtrais rien de plus terrible, disait-il avec sagesse, que l'aristocratie souveraine de six cents personnes qui demain pourraient se rendre inamovibles, après-demain héréditaires, et finiraient comme les aristocrates de tous les pays par tout envahir ».

Le titre adopté malgré ses efforts lui parut toujours plein de dangers; il attribua même à cette malencontreuse dénomination une partie des désordres qui suivirent : « C'est une motion usurpatrice, écrivait-il à Mauvillon ; je ne serais pas surpris que la guerre civile fût le fruit de leur beau décret ». A la fin de 1790, effrayé des progrès de l'anarchie, il disait encore à Dumont de Genève : « Ah ! mon ami, comme nous avions raison de les empêcher de se déclarer Assemblée nationale! »

Tout ce que nous savons des sentiments de Mirabeau à cette époque témoigne de ses dispositions conciliantes. Comme l'ordre des communes, comme la nation presque entière, il attend beaucoup du roi dont la popularité n'a encore souffert aucune atteinte. Il craint seulement que Louis XVI ne soit mal entouré et mal conseillé. Dans un intérêt personnel, à coup sûr, mais aussi dans l'intérêt public, il voudrait entrer en relations avec les ministres, se concerter avec eux pour modérer un mouvement dont le caractère révolutionnaire commence à l'inquiéter.

Dès la fin de mai 1789, il avait sondé son collègue Malouet, en lui tenant le langage le plus sensé : « Vous êtes, je le sais, lui avait-il

dit, un des amis sages de la liberté, et moi
aussi; vous êtes effrayé des orages qui s'amon-
cellent, je ne le suis pas moins; il y a parmi
nous plus d'une tête ardente, plus d'un homme
dangereux; dans les deux premiers ordres,
dans l'aristocratie, tout ce qui a de l'esprit n'a
pas le sens commun et, parmi les sots, j'en
connais plus d'un capable de mettre le feu aux
poudres. Il s'agit donc de savoir si la monarchie et le monarque survivront à la tempête
qui se prépare ou si les fautes faites, et celles
qu'on ne manquera pas de faire encore, nous
engloutiront tous. »

Il concluait en demandant à Malouet de lui
procurer un entretien avec Necker et Montmorin. Celui-ci se déroba; il ne pouvait pardonner la publication tout à fait indélicate
de la correspondance de Berlin. L'homme
qu'il avait autrefois protégé et payé, auquel
il avait même confié une mission secrète,
s'était disqualifié à ses yeux par un procédé
si contraire aux convenances diplomatiques.

Necker seul consentit à recevoir Mirabeau ;
mais prévenu contre lui par son collègue et
s'attendant sans doute à quelque demande
d'argent, il le reçut froidement comme un
simple solliciteur.

On connaît le résumé célèbre de leur
conversation peut-être un peu arrangée :
« Monsieur, aurait dit le ministre, M. Malouet
m'a dit que vous aviez des propositions à me
faire ; quelles sont-elles ? » — Mirabeau aurait
répondu : « Ma proposition est de vous souhaiter le bonjour », et serait parti. Si le mot
est vrai, ce dont on n'est jamais sûr quand il
s'agit des prétendus mots historiques, Mirabeau, au fond très peu satisfait de l'entrevue,
ne s'en vanta pas auprès de ses deux collaborateurs, Dumont et Duroveray, qu'il voyait
alors tous les jours [1].

---

1. Dumont raconte qu'en revenant de l'entrevue qu'il
venait d'avoir avec Necker, Mirabeau parla simplement
de celui-ci, « comme d'un bonhomme à qui l'on aurait
bien fait tort en lui supposant de la malice et de la pro-
fondeur ».

III

On aurait tort de chercher un lien, comme
on l'a fait quelquefois, entre cette déconvenue
et l'attitude que prit Mirabeau à la séance
royale du 23 juin. Dans l'intervalle, il avait
donné à Louis XVI une nouvelle preuve de
sa bonne volonté en défendant, le 17 juin,
les prérogatives du souverain. Quelques jours
plus tard, il disait encore au comte de la
Marck : « Le jour où les ministres du roi
consentiront à raisonner avec moi, on me
trouvera dévoué à la cause royale et au salut
de la monarchie ». — « Faites donc qu'au châ-

teau, ajoutait-il en insistant, on me sache plus disposé pour eux que contre eux. »

Comment concilier de telles déclarations avec une résistance presque révolutionnaire? M. Charles de Loménie paraît avoir trouvé l'explication la plus plausible de ces contradictions apparentes en étudiant avec beaucoup de soin les préliminaires et la physionomie de la séance royale.

C'est un des chapitres les plus curieux de son livre. Ni Mirabeau ni aucun des membres les plus modérés du tiers ne pouvaient approuver les paroles que des conseillers imprudents avaient mises ce jour-là dans la bouche du roi. Si Louis XVI promettait des réformes, il se prononçait formellement contre le sentiment public, contre le vœu de la nation, en refusant d'autoriser la réunion des trois ordres et la périodicité des États généraux.

Au moment où la France aspirait avec passion au régime représentatif, on lui défendait de l'organiser. Le cérémonial de la séance et le ton du discours avaient en même temps quelque chose de provocant. Comme le dit un écrivain royaliste, on avait ressuscité dans cette circonstance « l'odieux appareil des lits de justice ». L'affirmation répétée et intentionnelle de la volonté royale irritait jusqu'à la noblesse. Jamais le roi n'avait dit si souvent et avec tant de hauteur : « Je veux [1] ».

Jusqu'à la fin du discours royal, l'histoire de la séance est bien connue. A partir du départ du roi, la légende commence. On a aussi dramatisé la scène pour en augmenter l'effet. On s'est représenté Mirabeau sortant de sa place pour aller au-devant du marquis de Dreux-Brézé et signifiant à l'envoyé du roi la volonté des représentants de la nation. M. Dalou a bien fait de tirer parti de la légende pour la composition de son beau bas-relief.

---

1. « On nous a donné aujourd'hui, écrit Gaultier de Bianzat le soir même, l'effrayant spectacle du triomphe de l'aristocratie. Les malintentionnés du clergé et de la noblesse ont applaudi deux fois à la lecture du fruit de leur manœuvre, les autres et toute l'assemblée des députés des communes ont gardé un morne silence. »

Mais les choses se sont passées beaucoup plus simplement.

Dans la grande salle des Menus, telle qu'elle avait été disposée pour la séance royale, il n'y avait pas de bureau pour le président. Bailly ne siégeait point à part; il était assis en avant des députés du tiers, sur une banquette comme eux, et Mirabeau n'est point sorti de leurs rangs pour interpeller le marquis de Dreux-Brézé. Mirabeau lui-même, dans le petit discours arrangé après coup qu'il s'attribue en écrivant sa treizième lettre à ses commettants, ne dit pas qu'il ait quitté sa place.

Quelles sont maintenant les paroles qui furent réellement prononcées?

Mirabeau n'a certainement pas répondu à M. de Dreux-Brézé, comme on l'a souvent affirmé à tort : « Allez dire à votre maître ». — Ç'eût été mettre en cause la personne du roi qu'il tenait par-dessus tout à laisser en dehors du conflit. Nous avons à choisir entre deux versions qui, au fond, ne diffèrent que par un mot.

Suivant le fils du marquis de Dreux-Brézé,
qui, dans un discours prononcé à la chambre
des pairs, le 9 mai 1833, recomposa la scène
entière en invoquant le témoignage de deux
constituants devenus ses collègues, Montlo-
sier et Barbé-Marbois, Mirabeau aurait simplement dit : « Nous sommes assemblés par la
volonté et nous ne sortirons que par la force ».

La version qui a prévalu et que la
société des jacobins fit graver, en 1791, sur
le buste du grand orateur, est la suivante :
« Allez dire à ceux qui vous envoient que
nous sommes ici par la volonté nationale et
que nous n'en sortirons que par la puissance
des baïonnettes ». — Ce dernier mot doit
avoir été prononcé, car il choqua Bailly, qui
en parle dans ses *Mémoires* comme d'une
expression hors de toute mesure : « Qui
donc, ajoute-t-il, avait parlé d'employer la
force des baïonnettes? »

L'incident a été grossi, probablement avec
la complicité de Mirabeau, heureux de jouer

un rôle et de montrer sa puissance à ceux qui le traitaient récemment en simple solliciteur. Il vise à coup sûr les ministres, mais aucune de ses paroles n'est dirigée contre le roi, qu'il continue à entourer de son respect. Il réserve toute sa colère pour les conseillers imprudents qui ont préparé et organisé la séance royale : « C'est ainsi, dit-il avec véhémence à Dumont, qu'on mène les rois à l'échafaud ». — Il insère même, dans sa quatorzième lettre à ses commettants, un projet d'adresse aux Français, où il prend publiquement la défense du roi.

Nous connaissons les vertus et le cœur du souverain, dit-il en substance. Personne ne nous donnera le change sur ses sentiments. On aura beau employer les formes les moins propres à concilier les esprits, nous saurons bien démêler sous cet appareil menaçant la véritable pensée de notre père. Quelle confiance peut-il avoir dans l'aristocratie? N'a-t-elle pas été de tout temps l'ennemie du trône?

Malgré les termes de la déclaration royale, la majorité des députés continuait à se réunir et conservait le titre d'Assemblée nationale. Le roi lui-même avait fini par céder, par reconnaître une nécessité devant laquelle il eût été plus habile de s'incliner tout de suite. C'était lui maintenant qui combattait les répugnances de ses amis, qui engageait les dissidents des deux premiers ordres à ne pas se séparer de leurs collègues.

Malheureusement, la fatale séance du 23 juin avait échauffé les esprits des deux parts. L'ordre de la noblesse, tout en obéissant au désir du roi, protestait contre la réunion des trois ordres, continuait à se réunir en assemblées particulières et publiait les délibérations de ces assemblées.

De grands personnages n'encourageaient-ils pas sous main de telles menées? Les communes n'étaient-elles pas menacées de perdre le fruit de leur victoire par quelque conspiration aristocratique? Une immense inquiétude

se répandait dans le pays. Les assemblées électorales primaires, qui avaient survécu aux
élections, entretenaient presque partout un
foyer d'agitation. La nation craignait d'être
trahie, la cour d'être débordée. Nulle part
l'action du gouvernement ne se faisait plus
sentir. On venait de passer successivement
par de telles alternatives de joie et de crainte,
on s'était si bien habitué aux réunions et aux
discussions politiques, que l'équilibre se rétablissait difficilement dans les esprits. On vivait
d'une vie fiévreuse, toujours sous le coup de
quelque surprise et de quelque menace.

IV

C'est le moment que le roi choisit avec une
imprudence inouïe pour renvoyer Necker, le
seul de ses ministres qui fût populaire. Il n'en
fallut pas davantage pour exaspérer la population parisienne, déjà très agitée. A la peur
de la famine suspendue depuis quelque temps
sur la grande ville s'ajouta celle d'un coup
d'État. Quand on vit une armée de troupes
étrangères se constituer à Versailles. le château se transformer en quartier général et le
jardin en camp, la cour fut immédiatement
accusée de vouloir disperser par la force les
représentants de la nation.

Personne ne sait au juste si un coup d'État avait été réellement prémédité dans les conseils de la couronne ; il est même très vraisemblable que l'esprit irrésolu de Louis XVI ne s'était pas arrêté à une résolution si grave ; mais toutes les mesures ordonnées et prises, le déploiement des troupes, le choix des nouveaux ministres avaient un caractère menaçant pour l'Assemblée nationale.

Alexandre de Lameth a peint en termes saisissants ce qu'il avait éprouvé alors, ce qu'éprouvaient sans doute la plupart de ses collègues : « Ces 10 000 hommes de régiments étrangers suisses ou allemands, défilant vers minuit sur la place d'armes, sous les fenêtres du roi, se rendant à différents postes, et particulièrement à l'Orangerie, dont on ne laissait approcher aucun citoyen ;... le plus profond silence régnant partout, point de tambours, pas un commandement de la part des officiers, pas un mot de la part des spectateurs, et seulement le bruit monotone du pas ordinaire qui, d'après les idées dont tous les esprits étaient préoccupés, avait quelque chose de sinistre et semblait présager de tragiques événements ».

Le bruit se répandait que des membres de l'assemblée allaient être arrêtés. On citait les noms des suspects. Mathieu de Montmorency annonçait qu'il ne serait pas de la première fournée, mais qu'il mériterait certainement d'être de la seconde.

Mirabeau était un des plus compromis. Il s'attendait chaque soir à être appréhendé au corps dans le logement qu'il occupait à Versailles, rue de l'Orangerie. Est-ce l'irritation qui l'emporte alors? N'est-ce pas plutôt le désir d'accroître sa popularité et de faire sentir son importance à la cour? Le premier dans l'assemblée, il propose de demander au roi l'éloignement des troupes. L'adresse qu'il est chargé de rédiger eut, dans toute la France, un grand retentissement. Ce fut la révélation de sa puissance oratoire, l'annonce du rôle décisif qu'il était destiné à jouer. Le ton demeure respectueux; mais sous la politesse de la forme, sous les éloges donnés à la bonté du roi, on sent la fermeté des résolutions, quelque chose de grave et presque de menaçant. Comme le disait spirituellement Rivarol : « C'était trop d'amour pour tant de menaces et trop de menaces pour tant d'amour ». — L'impression produite sur le roi fut profonde. Quelle que fût l'indifférence et l'inertie de sa nature, comment aurait-il pu entendre sans émotion cette phrase significative : « De grandes révolutions ont eu des causes moins éclatantes; plus d'une entreprise fatale aux nations et aux rois s'est annoncée d'une manière moins sinistre et moins formidable ».

Mirabeau faisait partie de la députation qui alla porter l'adresse; pendant que M. de Clermont-Tonnerre en donnait lecture, les yeux de Louis XVI restèrent obstinément fixés sur celui qui l'avait rédigée.

Le roi pressentait-il en lui un allié possible ou le regardait-il comme le plus redoutable de ses adversaires? Si Louis XVI eut ce jour-là des appréhensions, Mirabeau fit tout ce qu'il put pour les justifier les jours suivants. Les scènes révolutionnaires de Paris firent sortir l'orateur de la mesure et de la prudence qu'il avait conservées jusque-là. Son amour de la popularité, son désir de rester à la tête du mouvement, le rendent indulgent pour des désordres que son instinct politique devait réprouver.

Les grands ambitieux ont de ces faiblesses : pour n'être pas abandonnés par ceux qui les suivent, ils se font les complices de violences qu'ils désapprouvent. Quoique celui-ci eût du courage, comme il l'avait déjà montré, comme il le montrera encore par la suite, il ne se sent pas assez sûr de son crédit et de sa force pour résister aux entraînements de l'opinion. Il a d'ailleurs besoin des Parisiens, il attend quelque chose d'eux. La popularité de Necker et de La Fayette lui fait envie : il rêve de supplanter Bailly dans les fonctions de maire.

Il entre en relations avec les districts parisiens, il passe parmi eux une partie de ses journées et de ses nuits, il va de l'un à l'autre pour les exciter contre les ministres[1]; il cherche en même temps à attirer l'attention sur sa personne; peu après la prise de la Bastille, il se fait conduire avec grand apparat sur les ruines de la forteresse[2].

Il en arrive ainsi à des capitulations de conscience qu'Alexis de Tocqueville, dans ses notes inédites, appelle « abominables ». Tout en signalant le danger des insurrections, il excuse, il justifie presque les fureurs du

---

1. L'assemblée était à ce moment là si en garde contre les menées de Mirabeau que, pour y mettre un terme, Regnault de Saint-Jean-d'Angely présenta une motion qui interdisait à tout membre de l'assemblée de se rendre dans aucun des districts de Paris, à moins d'avoir reçu une mission spéciale à cet effet. « Mirabeau, dit Bailly, fut étourdi de l'emportement de l'apostrophe; mais avec le sentiment de sa force et de sa rage concentrée, un de mes collègues l'entendit adresser ces paroles à Regnault : « Je te ferai pleurer des larmes de sang. »

2. « Cette visite, dit Dumont, fut pour Mirabeau une marche triomphale; la foule qui couvrait les environs se rangeait à son approche; on lui jetait des vers et des fleurs, on remplissait sa voiture des livres et des manuscrits qui avaient été enlevés dans les premiers jours. »

peuple. Il professe surtout une doctrine révolutionnaire au premier chef en soutenant que les municipalités ont le droit de s'organiser comme elles l'entendent, sans que le pouvoir central ait qualité pour intervenir dans leur organisation. Il retire au roi et à l'assemblée toute autorité sur les communes.

Au fond, n'attachons à cette déclaration anarchique qu'une valeur de circonstance. Cela veut simplement dire que Mirabeau aspire à être élu par les districts parisiens, sans que ce mode d'élection ait besoin d'être approuvé par le gouvernement. Il accorde tout aux uns parce qu'il se croit sûr d'eux, il refuse tout à l'autre parce qu'il s'en défie.

Voilà l'incurable infirmité du caractère de Mirabeau. Dès que son intérêt personnel est en jeu, il trouvera des arguments de circonstance contre ses opinions. Il ne renonce pas, néanmoins, à celles-ci; il les abandonne par calcul lorsqu'elles le gênent, il y revient par raison lorsqu'il n'a plus de profit à les combattre. Personne, au fond, n'est plus convaincu que lui des dangers de la dictature populaire ; personne ne prévoit de plus loin les conséquences des journées d'émeute : « La société serait bientôt dissoute, écrit-il avec une pénétration admirable, si la multitude s'accoutumait au sang et au désordre, se mettait au-dessus des magistrats et bravait l'autorité des lois ; au lieu de courir à la liberté, le peuple se jetterait bientôt dans la servitude, car trop souvent le danger rallie à la domination absolue, et, dans le sein de l'anarchie, un despote paraît un sauveur ».

Ce sont là des paroles véritablement prophétiques. La dictature de l'Empire y est annoncée comme la conséquence nécessaire des crimes de la Révolution et de l'anarchie du Directoire. Le même homme qui exprime des idées si justes, lorsqu'il n'a aucun intérêt à dire le contraire, n'en soutiendra pas moins que le peuple doit être le maître dans chaque commune, lorsqu'il a besoin d'être élu par le peuple. Ce n'est pas l'intelligence politique de Mirabeau qu'accusent ces contradictions, c'est, une fois de plus, sa moralité.

N'oublions jamais, en parlant de lui, ce que disait son père, l'homme qui l'a le mieux connu et le mieux jugé : « Il manque par la base, par les mœurs ». — « Il n'obtiendra jamais la confiance, ajoutait le terrible marquis, voulût-il la mériter. » La justesse de cette prédiction se vérifiera jusqu'au dernier jour de sa carrière.

CHAPITRE VIII

DÉCLARATION DES DROITS DE L'HOMME. — ORGANI-
SATION CONSTITUTIONNELLE. — JOURNÉES DES
5-6 OCTOBRE. — MIRABEAU ET LE DUC D'ORLÉANS

I

Détournons nos regards de ces défaillances
pour étudier Mirabeau dans un rôle plus digne
de lui. Les hommes de 1789, même au milieu
des déceptions que devaient leur causer les
mouvements populaires, encore sous le coup
des émeutes et des attentats commis au mois
de juillet, étaient si pénétrés de la puissance
des idées, que l'assemblée discutait un projet
de constitution politique à l'heure où la populace parisienne portait au bout des piques les

têtes coupées du marquis de Launay, de Flesselles, de Foulon, de Berthier.

Il y aurait là matière à des rapprochements
ironiques, si l'idéalisme de nos pères ne prenait sa source dans les sentiments les plus
généreux. Pouvaient-ils, d'ailleurs, échapper
à la nécessité de remplacer la toute-puissance
d'un seul, qui avait été jusque-là le code de
la monarchie, par la reconnaissance des droits
de chacun? Était-ce leur faute s'ils trouvaient
presque tout à faire, si les lois fondamentales
du royaume avaient fini par être dénaturées
et absorbées au profit d'une volonté unique?

Les cahiers du tiers état, du clergé et même
de la noblesse exprimaient à cet égard un
vœu formel. On demandait aux députés, non
seulement une constitution, mais une déclaration des droits de l'homme. La noblesse de
Paris avait donné l'exemple et rédigé d'avance
un projet complet de déclaration.

Plus tard, quelques-uns de ceux qui avaient
participé à cette œuvre doctrinale parurent le

regretter en voyant les excès de la révolution. Leurs regrets sont exagérés; comme le dit avec émotion M. Charles de Loménie : « Ne jugeons pas trop rigoureusement l'idéalisme de cette époque. Il a suscité trop d'enthousiasme généreux dans les meilleurs esprits, fait germer trop de vertus guerrières, réalisé, au travers de tant de convulsions, de déchirements, de luttes sanglantes, des conquêtes morales trop générales dans toute l'Europe, pour n'avoir été qu'un principe d'erreur ou qu'une sorte d'ivresse intellectuelle. »

En rédigeant la déclaration des droits de l'homme, l'assemblée s'inspirait du désir le plus généralement exprimé et des besoins les plus urgents du pays. Quelle avait été la grande victime des temps antérieurs, le souffre-douleur de toutes les époques, celui qui en Angleterre avait réussi à se défendre et qui en France avait toujours succombé? Le citoyen isolé, l'individu.

C'est lui qu'il faut protéger désormais, c'est

pour lui qu'on établit des principes inviolables, supérieurs aux formes mobiles des gouvernements. Dans cette œuvre de protection individuelle, la pensée des législateurs va au delà du temps présent. La seule oppression qui fût à craindre autrefois était celle du souverain ou de ses représentants. Au pouvoir personnel va se substituer peut-être le pouvoir des assemblées qui écraseront de nouveau l'individu au nom de la majorité. Il importe de le défendre d'avance contre une tyrannie non moins injuste, non moins redoutable que la première.

Chaque citoyen a des droits dont la majorité elle-même ne peut le priver que par un abus de la force. Ces droits que l'assemblée eut l'honneur de proclamer la première, et qui sont devenus indestructibles, s'appellent l'égalité devant la loi, la liberté de la personne, la liberté de conscience, la liberté du culte, la liberté de la presse, la souveraineté nationale, la séparation des pouvoirs. Toutes les constitutions qui se sont succédé en France depuis 1789 les ont reconnus. La charte de 1814 ne fait d'exception que pour le principe de la souveraineté nationale.

Lorsque l'assemblée eut décidé, presque à l'unanimité, qu'une déclaration des droits serait placée en tête de la constitution, Mirabeau fut nommé membre du comité de rédaction avec quatre de ses collègues et chargé par ceux-ci des fonctions de rapporteur. Quoique bien des défiances trop justifiées subsistassent encore contre son caractère, ce choix nous apprend qu'en trois mois son influence ne s'en était pas moins accrue.

Il faut dire que la tâche du rapporteur n'avait rien d'enviable. Plus de cinquante projets étaient soumis à l'assemblée. Adopterait-on un de ces projets? en composerait-on un nouveau avec des emprunts faits à quelques-uns? L'assemblée témoignait une grande impatience. Aux difficultés du travail s'ajoutait la nécessité de faire vite. L'énormité de la tâche n'effrayait pas Mirabeau, dont nous connaissons les habitudes laborieuses. Depuis longtemps, d'ailleurs, il avait attaché à sa personne les collaborateurs les plus instruits et les plus capables. Duroveray, Dumont, Clavière, lui préparaient des matériaux pour ses écrits et pour ses discours. Ces trois auxiliaires, tous trois d'un si rare mérite, composaient ce qu'il appelait lui-même son atelier.

Leur collaboration, si précieuse d'ordinaire, ne produisit, cette fois, que le plus médiocre des résultats. L'assemblée fit au rapport un accueil si froid et Mirabeau en reconnut si bien les imperfections qu'il sollicita un ajournement jusqu'à ce que les autres parties de la constitution fussent convenues et fixées. Les raisons politiques ne manquaient pas pour justifier ce retard. Le rapporteur invoqua une des plus décisives, en signalant le danger qu'il y aurait à entretenir les citoyens de leurs droits avant que le pouvoir exécutif, alors si affaibli, eût recouvré son ancienne force.

Très sage et très sagace, sur ce point comme sur d'autres, Mirabeau n'en céda pas moins, dans la rédaction de certains articles, à cet esprit malsain de popularité qui tient souvent en échec sa raison naturelle. L'assemblée, qui n'avait pas fait grand accueil à son projet, s'inspira surtout, dans le texte définitif, des idées de La Fayette et de Mounier. Mirabeau prit part fréquemment à la discussion, mais sans beaucoup de succès ni beaucoup d'ardeur.

Au fond, il n'avait pas de goût pour les débats de doctrine; son génie pratique et net répugnait aux abstractions, à la métaphysique; il préférait l'action et le maniement des hommes à toutes les formules spéculatives. Aussi se lassa-t-il assez vite du travail de philosophie politique qu'il avait accepté, plus peut-être par amour-propre que pour un autre motif. Quand la déclaration des droits eut enfin été votée par l'assemblée, après un débat un peu confus, Mirabeau poussa un soupir de soulagement. Il est tout consolé de l'échec de son projet par la satisfaction d'en avoir fini avec une discussion fastidieuse : « L'Assemblée nationale, dit-il ironiquement, est enfin sortie de la vaste région des abstractions du monde intellectuel, dont elle traçait si péniblement la législation métaphysique; elle est revenue au monde réel et s'est mise à régler tout simplement la législation de la France ».

II

La destruction des privilèges avait duré
moins de temps; il avait suffi d'une séance
pour emporter le régime féodal. « Voilà bien
nos Français, disait encore Mirabeau : ils sont
un mois entier à discuter sur des syllabes,
et, dans une nuit, ils renversent tout l'ancien
ordre de la monarchie [1]. »

1. *Le Courrier de Provence*, par lequel Mirabeau avait
remplacé ses premières lettres à ses commettants, contient un résumé saisissant de la mémorable séance du
4 août : « L'espèce de défi des différents ordres, qui se
provoquaient à des concessions réciproques, tournait
tout entière au bien général; il semblait qu'on mît à
l'enchère tous les vieux effets, tous les titres poudreux
de la féodalité, de la fiscalité, et que le prix demandé
pour la destruction de l'un fût la destruction de l'autre ».

Immédiatement après cette action d'éclat, la plus noble et la plus héroïque qui ait jamais été commise par une assemblée, l'œuvre doctrinale allait être reprise. La déclaration des droits de l'homme n'était que la préface de l'organisation constitutionnelle qu'avaient demandée les cahiers des États généraux, qu'attendait le pays.

Des historiens étrangers, quelquefois même des historiens français, reprochent à l'Assemblée nationale de n'avoir pas réussi dans son entreprise. On l'accuse d'avoir fait table rase de tout le passé, de n'avoir rien su conserver des idées, des traditions que lui léguaient les générations précédentes. On a dit qu'elle bâtissait sur le sable parce qu'elle ne faisait reposer son édifice sur aucune fondation antérieure. Il faudrait cependant s'entendre. Quel héritage constitutionnel lui léguait donc ce passé dont on parle? que pouvait-elle sauver d'une organisation qui n'existait pas? L'imprévoyance des gouvernants et les dures nécessités de l'heure présente l'obligeaient à construire de toutes pièces un monument nouveau.

Elle manquait assurément d'expérience, elle nourrissait trop d'illusions. Elle eut surtout le tort de s'isoler du gouvernement et de se priver ainsi d'un concours nécessaire. Mais est-ce bien sa faute, si le roi et son conseil avaient commencé par prendre parti contre toute nouveauté, par vouloir ramener la France à des précédents tombés en désuétude, abandonnés depuis deux siècles?

Pouvait-elle leur demander de collaborer à une œuvre qu'ils avaient déclarée, dès l'origine, inutile et dangereuse? Elle se trompa évidemment, en croyant pouvoir constituer avec une seule chambre un régime représentatif. Mais les circonstances lui permettaient-elles de faire autrement? Au moment où l'on venait de lutter contre les ordres privilégiés si imprudemment soutenus par le roi, la création d'une seconde chambre n'aurait-elle pas ressemblé à un rétablissement des privilèges? L'opinion publique ne se serait-elle pas prononcée avec fureur contre cette résurrection d'une aristocratie?

N'oublions pas que l'Assemblée constituante, quoiqu'elle n'ait pas subi les humiliations des assemblées postérieures, délibérait sous les yeux du public. Les députés n'entraient en séance qu'après avoir traversé les rangs d'une foule qui manifestait sur leur passage ses sentiments d'approbation ou de blâme. Les tribunes, à leur tour, intimidaient ou encourageaient les orateurs, suivant que ceux-ci résistaient ou cédaient aux passions populaires.

Tout ce qui ressemblait à un réveil des privilèges irritait les assistants. On enlevait tous les suffrages lorsqu'on rappelait les difficultés qu'avait rencontrées la réunion des trois ordres, le danger qu'il y aurait à se séparer de nouveau et à reconstituer deux pouvoirs législatifs distincts. La réunion des ordres avait été saluée comme une victoire du tiers état et de la nation; la division eût été considérée comme une revanche de l'aristocratie.

Ce genre d'argument, plus spécieux que solide, produisait sur l'assemblée et sur les tribunes un effet infaillible. La noblesse elle-même repoussait la création d'une chambre haute; elle savait bien que ses principaux membres n'en feraient pas partie de droit; elle craignait au contraire que les sièges du sénat ne servissent à récompenser le zèle et l'esprit novateur des dissidents de l'ordre.

D'avance et à plusieurs reprises, Mirabeau s'était publiquement prononcé contre l'institution de deux chambres. Il ne prit pas la parole dans la discussion, mais il travailla secrètement à entretenir les défiances de la noblesse. Le jour du vote, la proposition ne fut plus soutenue que par quatre-vingt-neuf députés, la majorité de la noblesse et du clergé prêta son concours au tiers état pour la repousser.

Sur la question de la sanction royale, Mirabeau n'était pas moins engagé par ses déclarations antérieures. Il avait souvent répété que l'autorité du roi ne pouvait se rajeunir que par une alliance avec le peuple, et qu'en revanche la démocratie nouvelle ne serait dirigée et contenue que par la royauté. « Sans la sanction royale, disait-il, le 12 juin, j'aimerais mieux vivre à Constantinople qu'à Paris. — Quand il sera question de la prérogative royale, ajoutait-il, c'est-à-dire, comme je le démontrerai en son temps, du plus précieux domaine du peuple, on verra si j'en conçois l'étendue, et je défie d'avance le plus royaliste de mes collègues d'en porter plus loin le respect religieux. »

Il tint parole, en effet ; il défendit le *veto* absolu. Mais, malgré la puissance de ses facultés oratoires, il n'osait pas encore improviser, il écrivait et lisait la plus grande partie de ses discours en les animant par le jeu de la physionomie et par l'accent. Ce jour-là, il avait puisé ses principaux arguments dans un ouvrage obscur, qu'il ne réussit pas à éclaircir.

L'assemblée l'écouta d'abord avec froideur en le voyant contre son habitude empêtré dans ses raisonnements et dans ses périodes, puis avec des murmures, lorsqu'elle découvrit le fond de sa pensée. Quoiqu'il essayât de réveiller de temps en temps l'attention par des hardiesses de langage, il eut beaucoup de peine à terminer sa lecture. C'est la seule fois où ses amis le virent déconcerté. Lui-même avoua que, vers la fin, se sentant hors d'état de tirer parti d'un texte qu'il n'avait pas assez médité, il était couvert d'une sueur froide.

Son discours avait laissé une impression si confuse, avait été en général si peu entendu ou si peu compris, qu'il put s'abstenir au moment du vote et recevoir les éloges de Camille Desmoulins, avec lequel il était alors en grande coquetterie, tandis que ceux qui avaient voté dans le sens de ses conclusions

étaient couverts d'injures par le parti populaire. Là encore, au moment même où il fait
preuve de sagacité politique, nous surprenons
l'orateur en flagrant délit de complaisance
pour la démagogie.

III

Quelle fut l'attitude de Mirabeau pendant les journées révolutionnaires des 5 et 6 octobre? Les modérés la jugèrent en général très sévèrement. Ses relations avec quelques-uns des agitateurs les plus connus de Paris, notamment avec Camille Desmoulins, le leur rendaient suspect. L'auteur du *Discours de la lanterne aux Parisiens* passa, en effet, les derniers jours de septembre et les premiers jours d'octobre 1789 dans la maison même de Mirabeau à Versailles. Il y était peut-être encore le jour où arrivèrent les bandes de

Parisiens qui allaient chercher le roi pour le conduire à Paris.

Mounier les rencontra tous deux chez le peintre Boze. Pendant que Mirabeau parlait à Mounier de ses principes et des idées de modération qui leur étaient communes, Camille Desmoulins confessa qu'il aimerait mieux n'avoir point de monarque et qu'il s'efforcerait d'arriver à ce point de perfection. Mirabeau, qui se déclarait en théorie si partisan du maintien de la monarchie, ne paraissait pas choqué du langage de son compagnon. Tous deux sortirent ensemble en ayant l'air de s'entendre à merveille.

Leur intimité est encore établie par une lettre que Camille Desmoulins écrit à son père le 27 septembre : « Depuis huit jours, je suis à Versailles chez Mirabeau. Nous sommes devenus de grands amis; au moins m'appelle-t-il son cher ami. A chaque instant, il me prend les mains, il me donne des coups de poing; il va ensuite à l'assemblée, reprend sa dignité en entrant dans le vestiaire et fait des merveilles. Après quoi il revient dîner avec une excellente compagnie, et parfois sa maîtresse, et nous buvons d'excellents vins. »

Tout le monde savait que le 30 août, lorsque le peuple avait déjà failli marcher sur Versailles, c'était le même Camille Desmoulins qui avait harangué la foule au Palais-Royal, annoncé que la vie de Mirabeau était mise en danger par les aristocrates, proposé d'envoyer quinze mille hommes pour chercher le roi et faire enfermer la reine à Saint-Cyr.

En voyant l'intimité des deux personnages, on se demandait si Mirabeau, lui aussi, n'avait pas conseillé ou tout au moins encouragé la marche sur Versailles. Quelques jours avant le 5 octobre, il disait mystérieusement au libraire Blaisot qu'il fallait s'attendre à des événements malheureux. Le 5 octobre, avant que les Parisiens se fussent mis en route pour Versailles, il parlait avec indignation du banquet des gardes du corps qui avait causé une si grande émotion dans le public et paru outrageant pour l'Assemblée nationale.

Pétion ayant déposé une dénonciation à ce sujet, Mirabeau commença par déclarer qu'il la trouvait souverainement impolitique, puis ajouta qu'il la signerait si l'assemblée voulait bien décider « que la personne du roi est seule inviolable, et que tous les autres individus de l'État, quels qu'ils soient, sont également sujets et responsables devant la loi ».

L'allusion fut comprise dans les tribunes. « Quoi! la reine! dit une voix à côté de Mme de Genlis. — La reine comme les autres », répondit une autre voix. On prétend que pour ne laisser aucun doute sur la portée de ces paroles, Mirabeau avait dit en retournant à sa place, assez haut pour être entendu par les tribunes : « Je dénoncerais la reine et le duc de Guiche, l'un des capitaines des gardes ». Il était alors près de midi. Mirabeau savait à cette heure-là que les Parisiens marchaient sur Versailles. Il monta derrière le fauteuil du président Mounier pour l'en avertir, pour l'engager même à lever la séance, puis disparut [1].

Il avait quitté la salle lorsque Maillard, accompagné d'une quinzaine de femmes, se présenta à la barre de l'assemblée pour exposer en termes violents la disette des Parisiens, leurs griefs contre les aristocrates et les gardes du corps. Pendant ce temps, la foule acclamait les deux noms de Mirabeau et du duc d'Orléans également absent. On accusa Mirabeau d'être passé ce jour-là, vers quatre heures et demie, un sabre nu à la main, devant le front du régiment de Flandre rangé en bataille sur la place d'armes et d'avoir excité les soldats à la révolte. Il se défendit spirituellement d'une accusation dont en

1. Le comte de la Marck affirme que Mirabeau passa chez lui le reste de cette journée jusqu'à six heures du soir.

réalité la preuve ne fut jamais faite. « On m'accuse, dit-il, d'avoir parcouru les rangs du régiment de Flandre le sabre à la main, c'est-à-dire que l'on m'accuse d'un grand ridicule. Les témoins auraient pu le rendre d'autant plus piquant que, né parmi les patriciens, et cependant député par ce qu'on appelait alors le tiers état, je m'étais toujours fait un devoir religieux de porter le costume d'un tel choix. Or, certainement, l'allure d'un député en habit noir, en chapeau rond, en cravate et en manteau, se promenant à cinq heures du soir, un sabre nu à la main, dans un régiment, méritait de trouver une place dans les caricatures. »

Il n'en fut pas moins soupçonné d'une complicité secrète avec ceux qui avaient envahi la salle des séances de l'assemblée et le château de Versailles. Sa conduite autorisa tous les soupçons. Préparait-il, comme quelques-uns l'ont cru, l'abdication de Louis XVI et la régence du duc d'Orléans? Voulait-il simplement ménager sa popularité auprès des Parisiens?

Il ne parut en tout cas témoigner pour le roi aucun de ces sentiments de respect et de fidélité dont il avait fait montre en d'autres circonstances. Dans la matinée du 6 octobre, lorsque Louis XVI, après avoir promis de partir pour Paris, faisait prier les députés de se rendre auprès de lui, Mirabeau soutint qu'on ne pouvait délibérer dans le palais et qu'une telle démarche serait contraire à la dignité de l'assemblée. Malgré l'énergique insistance du président Mounier, ce fut l'avis de Mirabeau qui l'emporta. L'assemblée resta en séance.

Elle décida seulement d'envoyer cent de ses membres pour accompagner le roi à Paris. Mirabeau demanda avec instance à faire partie de cette députation. Mais il eut beau invoquer les services qu'il pourrait rendre, la popularité dont il jouissait auprès de la population parisienne, le président Mounier, indigné de sa conduite, l'empêcha d'être nommé. Il ne réussit pas davantage à faire adopter un projet d'adresse au peuple français dans lequel se révélait sa véritable opinion sur les journées des 5 et 6 octobre. Il y colorait les événements, comme il le fit, du reste, dans son journal; il dissimulait les scènes de violence et de massacre, il y présentait sous un jour favorable tout ce qui venait de se passer et annonçait même, en finissant, « que le vaisseau de l'État allait s'élancer vers le port, plus rapide que jamais ».

IV

Quoiqu'il soit bien difficile de démêler la
vérité à travers les contradictions et les incon-
séquences du langage de Mirabeau, M. Charles
de Loménie écarte avec vraisemblance toute
idée d'un accord formel qui eût été conclu à
cette époque entre le duc d'Orléans et l'orateur. Mirabeau se défendit plus facilement
que le duc d'Orléans de toute responsabilité
directe dans les événements des 5 et 6 octobre.
La droite de l'assemblée, dans ses jugements
et dans ses demandes de poursuites contre les
complices de l'insurrection, ménageait Mirabeau plus que le prince.

Cela ne veut pas dire que celui-ci fût coupable. Au fond, on ne sait rien de précis. Les apparences sont, il est vrai, contre le duc d'Orléans; mais ce ne sont, après tout, que des apparences. Le mouvement populaire du mois d'octobre ne paraît pas spontané comme celui du 12 juillet précédent, qui s'explique par la crainte d'un coup d'État tenté contre l'assemblée. Le peuple de Paris n'avait pas de motifs particuliers d'irritation. On ne craignait plus l'effroyable disette des premiers mois de 1789. Ni La Fayette, ni Brissot, ni Alexandre de Lameth ne croient que le défaut de subsistances fût réel. L'affaiblissement du pouvoir central, le manque de confiance, la crainte du pillage, rendaient la circulation des grains et l'approvisionnement de Paris plus difficiles; mais la famine ne menaçait pas la capitale. Il semble que le mouvement ait été provoqué par de tout autres causes, préparé de longue main et soudoyé.

Tous les officiers du régiment de Flandre

déclarèrent que leurs soldats avaient reçu de l'argent. Des émeutiers qui se plaignaient de la faim portaient sur eux des sommes importantes. Le personnel même des bandes parisiennes était fort bigarré. A côté des hommes du peuple on y voyait des filles publiques, des gens qui n'appartenaient point aux classes populaires, des meneurs déguisés en femmes. Tout ce monde paraissait embrigadé et dirigé.

Les réunions en plein vent, les assemblées de district commençaient à exercer leur redoutable influence en attendant que les clubs fussent créés. « C'est nous qui les faisons agir », disait un homme politique en parlant des Parisiens. Personne ne pouvait affirmer que le duc d'Orléans fût le chef du mouvement. On ne le voyait pas à la tête des agitateurs, mais ceux-ci se servaient de son nom, comme ils se servaient de sa résidence du Palais-Royal pour y installer en permanence les états généraux de l'émeute.

Avant que la correspondance de Mirabeau

avec le comte de la Marck eût été publiée par
M. de Bacourt, on croyait Mirabeau plus lié
avec le prince qu'il ne le fut en réalité. Pendant quelques mois, la faveur populaire avait
rapproché leurs noms, le peuple les acclamait
tous deux en même temps. On en concluait
qu'ils avaient associé leurs destinées politiques.

Rien de moins certain. Ils se connurent au
contraire fort tard, ne se virent que rarement
et n'éprouvèrent l'un pour l'autre que peu de
sympathie. Le dîner où ils se rencontrèrent
pour la première fois, à la fin de l'année 1788,
ne fut point agréable. La Marck qui les avait
réunis chez lui exprime ainsi son impression :
« Les convives sortirent peu satisfaits les uns
des autres, et quelques jours après, Mirabeau,
tout en remerciant son hôte de lui avoir fait
connaître un monde auquel jusqu'alors il était
à peu près étranger, ne lui cacha pas que le
langage de M. le duc d'Orléans lui avait
déplu ; il répéta plusieurs fois que ce prince

ne lui inspirait ni goût ni confiance ». La meilleure preuve que Mirabeau n'a jamais servi la politique du duc d'Orléans, dit M. Charles de Loménie, c'est qu'il ne lui a jamais demandé d'argent. L'argument est dur, mais péremptoire.

La gêne au milieu de laquelle se débattait l'orateur avec ses goûts de luxe et de dépense l'aurait certainement amené à une demande de subsides s'il y avait eu de sa part des services rendus. Il n'en rendit sans doute aucun parce qu'il n'en eut pas le temps, parce qu'il vit s'évanouir en quelques mois une fortune sur laquelle il avait pu compter comme tant d'autres.

Ce n'était pas du côté du duc d'Orléans qu'il regardait. Le prince l'avait deviné lorsqu'il adressa à M. de la Marck cette question pénétrante : « Quand Mirabeau servira-t-il la cour? »

Telle est, en effet, la visée principale de Mirabeau, l'ambition dont il est possédé depuis son élection aux États généraux. Pour le juger avec équité, entrons ici impartialement dans le fond de sa pensée. Il attendait à coup sûr de la cour une situation considérable, une rémunération éclatante de ses services. Mais il ne la demandait pas aux dépens de sa conscience. La cause qu'il entendait servir était celle même que lui indiquait sa raison, celle à laquelle il était resté fidèle malgré d'apparentes infidélités, l'accord du roi et de la nation.

Si depuis quelque temps il avait penché du côté du peuple, c'est qu'il avait besoin de rester populaire. Qu'aurait-il pu offrir à la royauté s'il avait partagé l'impopularité de ses conseillers ordinaires? Au prix de quelques sacrifices il ménageait la seule force qui pût lui permettre de traiter avec la cour, la seule aussi dont il pût se servir pour défendre la royauté lorsque arriverait le jour des grandes épreuves. Son admirable sagacité lui faisait pressentir les périls immédiats. S'il s'irritait de l'éloignement où on le tenait, ce n'est pas seulement parce que son intérêt en souffrait; il craignait qu'on ne l'appelât trop tard au secours de la monarchie.

« Que pensent ces gens-là? disait-il à M. de la Marck. Ne voient-ils pas les abîmes qui se creusent sous leurs pas? » — « Tout est perdu, s'écriait-il une autre fois avec un instinct prophétique, tout est perdu; le roi et la reine y périront et, vous le verrez, la populace battra leurs cadavres. — Oui, répétait-il avec énergie, on battra leurs cadavres; vous ne comprenez pas assez les dangers de leur position; il faudrait pourtant les leur faire connaître. »

Le moment qu'il avait si longtemps attendu pour le salut de la royauté aussi bien que pour sa propre fortune arriva enfin. Nous verrons prochainement comment Mirabeau entra en relations avec des adversaires dont il était moins séparé que ceux-ci ne le croyaient eux-mêmes. Ce fut la grande évolution de sa vie politique, l'instant décisif où sa raison, d'accord avec son intérêt, l'emporta sur ses passions, où l'homme d'État, averti et effrayé par les événements, essaya de calmer les orages que le tribun du peuple avait contribué à déchaîner.

CHAPITRE IX

MIRABEAU ET LA FAYETTE. — LE COMTE
DE PROVENCE

—

I

Nous avons laissé Mirabeau, après les journées révolutionnaires des 5 et 6 octobre 1789,
inquiet des événements auxquels on le soupçonnait de n'avoir pas été étranger, plus que
jamais désireux de donner des conseils à la
cour, convaincu qu'il était seul en état de
sauver la royauté et se proposant de faire
payer le plus cher possible des services qu'il
mesurait aux dangers de la situation. Comme
il avait contribué à créer le péril, il en con-

naissait mieux que personne l'étendue et les remèdes.

A force d'insister auprès du comte de la Marck pour que la cour fût informée de ses dispositions, il obtint que son ami fît une démarche, non pas auprès du roi, mais auprès du comte de Provence. La Marck a raconté lui-même ce premier essai de négociation. Après avoir fait demander au prince une entrevue secrète, il fut introduit chez lui dans la nuit du 15 octobre et lui remit un mémoire de Mirabeau.

Ce mémoire révèle toute la sagacité de son auteur. D'où vient la menace prochaine, le danger immédiat qui peut emporter la royauté? De ce foyer d'excitations et d'insurrections qui s'appelle Paris. Tout pouvoir qui restera à la merci de la populace parisienne est un pouvoir perdu. Mais qu'on ne s'avise pas non plus de se retirer sur la frontière, à Metz, par exemple, comme le proposent des conseillers imprudents. Ce serait s'exposer à un autre péril.

On blesserait le sentiment national en ayant l'air de se placer sous la protection de l'étranger. Mirabeau conseille au roi de se retirer à Rouen, d'y rassembler les gardes nationales fidèles, d'y déclarer publiquement qu'il accepte les bases de la constitution, d'y appeler l'assemblée, et, si celle-ci répond par un refus, d'y convoquer une autre législature.

Le comte de Provence lut rapidement le mémoire, présenta quelques objections de détail et y donna dans l'ensemble son approbation. Mais rien n'était possible que si le souverain prenait lui-même, avec une volonté énergique, la responsabilité de ce plan. Il fallait vouloir et se faire obéir. Cette résolution, si nécessaire dans un pareil moment, était précisément ce qui manquait le plus à Louis XVI.

Le comte de Provence, qui avait bien étudié la situation, avec le secret espoir d'en tirer parti pour lui-même, dont les visées personnelles, quoique moins apparentes, n'étaient

pas moins certaines que celles du duc d'Orléans, ne cacha pas à son interlocuteur le peu
de confiance que lui inspirait le caractère du
roi. « La faiblesse et l'indécision du roi, dit-il
en propres termes, sont au delà de tout ce
qu'on peut dire. Pour vous faire une idée de
son caractère, imaginez des boules d'ivoire
huilées que vous vous efforceriez vainement
de retenir ensemble. »

Où trouver alors un point d'appui? Mirabeau le chercha naturellement dans l'assemblée, lorsqu'il crut s'apercevoir qu'à force de
persévérance et de talent, il avait triomphé
des préventions qu'inspiraient sa réputation
et son caractère. Longtemps il avait parlé, il
avait lutté sans acquérir sur ses collègues
l'ascendant que méritait sa supériorité. Il
n'eut vraiment le sentiment de sa puissance
que le jour où il prononça son fameux discours sur la banqueroute.

L'impression qu'il produisit fut si forte et
si générale qu'il put se croire le chef désor-

mais reconnu de la majorité. Cela ne suffisait pas à son ambition. Il ne désirait être influent dans l'assemblée que pour arriver jusqu'aux conseils du roi.

C'est là son idée dominante, celle dont il entretient sans cesse ses amis, et particulièrement M. de la Marck. Il sert ainsi, bien entendu, son intérêt personnel, mais il croit servir en même temps l'intérêt public. Rien de plus nécessaire, suivant lui, que de maintenir l'harmonie entre la nation et le roi. Mais on n'y arrivera qu'à la condition de lui confier le pouvoir. Lui seul est de force à entreprendre, à accomplir cette tâche redoutable.

Si le roi ne veut pas se laisser convaincre, pourquoi l'assemblée n'imposerait-elle pas moralement à Louis XVI le choix de ses ministres, ne lui désignerait-elle pas elle-même comme les conseillers naturels de la royauté ceux qu'elle honore de sa confiance? Une fois sur cette piste, on suit facilement le travail qui se fait dans l'esprit de Mirabeau. Il a commencé, en haine de Necker, par protester contre toute intervention des ministres dans les débats de l'assemblée. Il finit par souhaiter, au contraire, la constitution d'un ministère qui serait pris dans le parlement, où il aurait lui-même sa place et dont il inspirerait bientôt les résolutions.

Comme dans presque tous les projets politiques de Mirabeau, il y a là un point de vue personnel, mais il y a aussi une conception d'homme d'État. Il comprenait à coup sûr, mieux qu'aucun de ses contemporains, les conditions du régime parlementaire lorsque, se rappelant l'exemple et les traditions de la Grande-Bretagne, il demandait que les ministres, au lieu d'être de simples commis alternativement mandés ou écartés par l'assemblée et par ses comités, fussent les représentants naturels de la majorité, accrédités par elle auprès du roi.

Ce mécanisme, qui nous est aujourd'hui

connu, qui fonctionne sans trop de difficulté dans tous les pays constitutionnels, étonnait alors beaucoup d'esprits.

Les députés du côté droit, qui auraient voulu conserver à la monarchie ses anciennes prérogatives, considéraient toute imitation du gouvernement représentatif comme une usurpation sur les droits de la couronne. L'origine parlementaire des conseillers du roi les inquiétait; ils y voyaient la preuve que le roi subirait l'influence de l'assemblée et ne réussirait jamais à gouverner lui-même, comme le voulaient les traditions.

Du côté gauche, on faisait d'autres objections. Si les ministres siégeaient dans l'assemblée, n'en gêneraient-ils pas la liberté? Ne tireraient-ils pas de leurs fonctions mêmes des moyens puissants d'intrigue ou de corruption pour séduire leurs collègues? C'était, en tout cas, une nouveauté qui inspirait à l'ensemble des représentants de la nation plus d'ombrages que de confiance.

Mirabeau trouvait cependant des dispositions favorables à son projet chez les membres les plus instruits et les plus éclairés du côté gauche. Les Lameth, Duport, Barnave, reconnaissaient comme lui la nécessité de former un nouveau ministère et de le composer avec des membres de la majorité.

On avait compté un instant, pour cette combinaison, sur le concours du duc d'Orléans. Le séjour du prince en Angleterre ayant fait évanouir les espérances de ses amis, il fallut chercher un autre allié. On pensa naturellement à La Fayette, alors dans tout l'éclat de sa popularité. Si La Fayette voulait bien s'entendre avec Mirabeau, qui jusque-là ne l'avait pas ménagé, peut-être serait-il possible de faire revenir l'assemblée de ses préventions.

Pour les hommes politiques clairvoyants, il s'agissait d'une question capitale, d'un intérêt public assez grand pour qu'on y fît de part et d'autre des sacrifices personnels. Ceux qui provoquaient un rapprochement entre Mirabeau et La Fayette étaient sincèrement convaincus qu'ils travaillaient au salut de la France.

La première entrevue eut lieu à Passy, chez la marquise d'Aragon, nièce de Mirabeau. Dès cette première rencontre, quoiqu'on fût tombé d'accord sur des points communs, l'opposition des deux natures en présence se révéla tout de suite. Mirabeau effraya et déconcerta son interlocuteur par des fanfaronnades d'immoralité, et La Fayette ne put cacher l'impression pénible que lui causait un tel langage.

Le général analyse lui-même ces deux états d'esprit dans ses *Mémoires*. L'immoralité de Mirabeau le choquait, nous dit-il; quelque plaisir qu'il trouvât à sa conversation et malgré son admiration pour « de sublimes talents », il ne pouvait s'empêcher de lui témoigner une mésestime qui blessait Mirabeau [1].

1. Il faut convenir que Mirabeau déconcertait quelquefois ses interlocuteurs en se noircissant et en se calom-

Celui-ci, néanmoins, tout en se sentant sévèrement jugé, dut se résigner à des concessions et même à des avances. Il lui en coûta d'autant plus que la sentimentalité et l'optimisme permanent de La Fayette l'irritaient de longue date. Au fond, il ne pardonnait pas à un homme dont les talents lui paraissaient médiocres, fort au-dessous des siens propres. d'avoir conquis si facilement et de conserver une popularité incontestée.

Il fallut malgré tout s'exécuter. Prenant le contre-pied de quelques-uns de ses discours antérieurs, Mirabeau le fit résolument en demandant à l'assemblée le 19 octobre 1789 de voter. des remerciements au commandant

niant lui-même par forfanterie. A sa première entrevue avec La Fayette ne s'avisa-t-il pas de raconter à sa manière les événements qui s'étaient passés en Provence au moment de son élection? Il prétendit. par exemple, qu'ayant à sa disposition un orateur populaire qui lui paraissait dévoué, mais dont cependant il ne se croyait pas sûr, il avait placé près de lui un homme qui ne devait pas le quitter, et qui l'eût poignardé s'il n'avait pas rempli ses engagements. Les gens qui connaissaient le cœur de Mirabeau ne croyaient pas un mot de ses fanfaronnades. Mais les étrangers pouvaient être tentés de le prendre au mot.

général des gardes nationales. Le même jour, il s'engageait davantage encore, il écrivait affectueusement à La Fayette : « Quoi qu'il arrive, je serai vôtre jusqu'à la fin, parce que vos grandes qualités m'ont fortement attiré, et qu'il m'est impossible de cesser de prendre un intérêt très vif à une destinée si belle et si étroitement liée à la révolution qui a conduit la France à la liberté ». La Fayette répondait : « Confiance réciproque et amitié, voilà ce que je donne et espère ».

Entre deux hommes si différents, l'accord ne fut ni complet ni durable. Mirabeau reprocha bientôt à La Fayette de défendre mollement ses intérêts à la cour et de n'obtenir pour lui qu'une indemnité insignifiante, quoiqu'on lui eût promis 50 000 francs par mois[1]. Il l'accusa plus vivement encore de n'avoir su ni prendre parti contre les minis-

---

1. Il écrit à La Marck, le 28 octobre 1789 : « La Fayette a fait ce matin un envoi ridicule et sans motif qui ne fournit pas seulement de quoi se dégager envers vous ».

tres en exercice, ni prévenir le vote d'une proposition qui coupait court à toutes les ambitions parlementaires en interdisant aux membres de l'assemblée l'accès du ministère.

II

Battu de ce côté, Mirabeau se retourna vers le comte de Provence, qui, sans accueillir ses premières ouvertures, ne les avait pas non plus tout à fait découragées. Là encore, il rencontra de nouvelles déceptions.

Monsieur se servit de lui pour sortir sans trop de dommage du procès Favras, mais ne put lui prêter auprès du roi aucun appui éfficace. Le prince n'était pas non plus en mesure de jouer le rôle que Mirabeau avait peut-être un instant destiné au duc d'Orléans, pour lequel il cherchait maintenant un membre de la famille royale, moins compromis et plus résolu. Il s'agissait de tenir tête enfin à l'anarchie dans laquelle s'abîmait le royaume, de constituer un pouvoir fort, et tout en conservant la personne inviolable du roi, d'obtenir que le souverain laissât passer l'autorité entre des mains plus fermes que les siennes.

Si le comte de Provence, mis en avant par une partie de l'assemblée, devenait le chef d'un ministère puissant, ou peut-être même lieutenant général du royaume, Mirabeau espérait bien gouverner sous son nom. Monsieur avait assurément beaucoup d'esprit et au moins autant d'ambition, il ménageait habilement les différents partis avec l'espoir de se servir de tous; mais il n'avait pas encore acquis les grandes qualités que devaient développer chez lui le malheur et l'exil; il craignait les responsabilités, il hésitait devant les résolutions à prendre et laissait passer les jours sans se décider.

Mirabeau s'impatientait et s'irritait de

tant de délais. « Monsieur, écrit-il, a la pureté d'un enfant, mais il en a la faiblesse.... La reine le cajole et le déjoue : le roi niaise et s'abstient.... La reine le traite comme un petit poulet qu'on aime bien à caresser à travers les barreaux d'une mue, mais que l'on se garde bien d'en laisser sortir, et lui se laisse traiter ainsi. »

L'embarras et les appréhensions du prince ne l'empêchaient pas à certaines heures de tenter la fortune. Stimulé par Mirabeau, il s'armait de courage et frappait à la porte de Louis XVI. Une fois même, il osa demander dans un mémoire à être « le pilote nominal d'un nouvel équipage sans lequel le vaisseau ne pouvait plus marcher ».

Des trois candidats qui avaient aspiré un instant au poste de lieutenant général, le comte d'Artois porté par les partisans de l'ancien régime, le duc d'Orléans porté par les révolutionnaires, le comte de Provence, malgré ses incertitudes, était encore celui qui témoignait le plus de hardiesse. Il osait proposer directement au roi d'être son conseil, le chef de ses amis, de subjuguer l'opinion et de dompter les factieux en son nom. Il se présentait comme le seul prince de la maison de Bourbon qu'on n'accusât pas d'être l'ennemi de la nation. Le choix de sa personne, disait-il cavalièrement, était indiqué non seulement par la nature, mais par la nécessité des choses.

Ces velléités d'audace durèrent, sans doute, fort peu et ne furent suivies d'aucun résultat. En tout cas, dès le 27 janvier 1790, Mirabeau est revenu de ses illusions et dégoûté de son candidat. « Du côté de la cour, écrit-il à La Marck, quelles balles de coton ! quels tâtonnements ! quelle pusillanimité ! quelle insouciance ! quel assemblage grotesque de vieilles idées et de nouveaux projets, de petites répugnances et de désirs d'enfants, de volontés et de nolontés, d'amours et de haines avortés ! Ce qui est au-dessous de tout, c'est

Monsieur. Imaginez qu'on avait été jusqu'à lui donner de tels moyens d'argent que si votre valet de chambre avait à les offrir, il entrerait au conseil pour peu qu'il le voulût, et Monsieur n'y entrera probablement pas. »

CHAPITRE X

I

Comme le disait Mirabeau, il n'y avait dans
l'entourage du roi qu'un homme, la reine. Ce
fut elle, en effet, qui au commencement de
l'année 1790 décida Louis XVI à accepter
enfin des conseils offerts depuis 1788, si
souvent et si maladroitement écartés.

Que d'épreuves avait dû traverser la malheureuse femme pour en arriver à une extré-

mité qui, moins d'un an auparavant, lui eût fait horreur! Longtemps frivole et inconsidérée, Marie-Antoinette ne retrouva quelque chose du caractère énergique de sa mère que sous l'influence du malheur. Les journées des 5 et 6 octobre produisirent dans son esprit une révolution. Elle s'y montra pleine de dignité et de courage. Le roi, jusqu'alors défiant. comprit tout ce qu'il pouvait attendre d'une telle alliée, et autant que le permettait l'inertie de sa nature, chercha auprès d'elle un appui moral dont il n'avait jamais eu un plus grand besoin.

Plus intelligente que son mari, plus effrayée aussi de la situation, la reine voyait, avec une inquiétude croissante, s'évanouir chaque jour une des prérogatives de la royauté, l'anarchie s'accroître et les violences populaires se renouveler. Plusieurs fois, elle avait repoussé les propositions du comte de la Marck; au mois de septembre 1789, elle lui écrivait encore : « Nous ne serons jamais assez malheureux.

je pense, pour en être réduits à la pénible
extrémité de recourir à Mirabeau ».

Quelques mois plus tard, elle n'avait pas
changé d'avis sur le compte du personnage.
Elle n'oubliait pas que, le 5 octobre, Mirabeau, en la dénonçant à la colère du peuple,
avait failli la faire massacrer dans une insurrection dont elle le considérait comme un des
principaux auteurs [1]. Mais le danger que cou-
rait la monarchie paraissait si redoutable et
si prochain qu'on n'avait plus ni le droit ni le
temps de se montrer difficile sur le choix des
moyens. Puisque Mirabeau offrait ses services
avec tant d'insistance, puisque des amis fidèles
conseillaient de les accepter, pourquoi ne pas
composer au profit de la royauté avec le plus
puissant orateur de l'assemblée, avec le chef
le plus écouté du parti populaire? Si ce n'était

[1]. La Fayette avait raconté lui-même à la reine le mot
de Mirabeau au moment où il était intervenu pour la
sauver. « Eh bien, général, puisque vous le voulez, qu'elle
vive! Une reine humiliée peut être utile, mais une reine
égorgée n'est bonne qu'à faire composer une mauvaise
tragédie à ce pauvre Guibert. »

qu'une question d'argent, il fallait savoir y mettre le prix et surmonter d'anciennes répugnances pour tenter au moins l'aventure.

Dès que cette résolution fut arrêtée dans l'esprit du roi et de la reine, on s'ouvrit à M. de la Marck en lui recommandant le plus grand secret, en insistant surtout pour que les ministres ne fussent pas informés.

Au moment où Mirabeau reçut les premières ouvertures de la cour, il était plus que jamais traqué par ses créanciers, livré à de cruels embarras. Son association avec le ménage du libraire Le Jay, si peu honorable pour lui, avait fini par un désastre. Il avouait lui-même que la mort du libraire lui faisait perdre 113 000 livres.

Était-ce la continuité de ses embarras ou le trouble d'une santé déjà atteinte qui agissait sur son humeur? Des symptômes de découragement commençaient à percer dans sa conduite. Il semblait par moments se détacher des travaux d'une assemblée où il avait joué un si grand rôle, il parlait moins souvent et moins longtemps. Sa puissance oratoire restait la même ; chaque fois qu'il prenait la parole, il le faisait avec une éclatante supériorité ; il paraissait seulement beaucoup moins tenté qu'autrefois de s'en servir.

Les ouvertures de la cour ranimèrent son courage ; peu de jours auparavant, il songeait à quitter la France pour échapper à ses soucis ; il entrevoyait dans l'ambassade de Constantinople, en même temps qu'une occupation honorable, un moyen d'arranger ses affaires. Mais il retrouve son ancienne ardeur lorsqu'il apprend ce qu'on lui propose. La cour paiera immédiatement 208 000 francs de dettes d'après l'état, fort incomplet du reste, qu'il en a dressé lui-même. Il recevra 6 000 livres par mois jusqu'à la fin de la session de l'assemblée, et, à cette date, la somme de 1 million dont le montant, en quatre billets de la main du roi, avait été remis à M. de la Marck.

Depuis sa jeunesse, Mirabeau avait été trop souvent aux prises avec des embarras d'argent et trop peu scrupuleux sur les moyens de se procurer des ressources pour que ce nouvel acte de vénalité étonne ses biographes. Il avait vécu aux dépens de Mme de Monnier, il s'était fait payer par des ministres, par des banquiers, par des libraires; cette fois, il se faisait payer par le roi, non pas comme il l'avait fait jadis pour servir des intérêts suspects ou pour écrire des œuvres diffamatoires, mais pour exprimer son opinion personnelle sur les affaires publiques.

De tous les marchés qu'il avait conclus. c'est encore le plus honnête. Il croyait sincèrement à l'efficacité des conseils qu'il allait donner, et, dans ses communications avec la cour, il ne devait rien dire qui ne fût conforme à des opinions déjà anciennes et en partie arrêtées chez lui. Deux périls l'effrayaient également : au dehors, les tentatives de contre-révolution que méditaient les premiers émigrés avec le concours de l'étranger ; au dedans, la désorganisation des pouvoirs publics et les progrès de l'anarchie.

II

De ce côté surtout, le mal était flagrant.
Par une série de mesures qu'inspirait la
crainte d'un retour offensif de la royauté,
l'assemblée avait peu à peu détruit le mécanisme de l'ancienne administration. Elle ne
laissait au roi aucun moyen d'action sur les
provinces. Dès le commencement de 1790,
les intendants ou leurs agents avaient en
général disparu; le petit nombre de ceux qui
restaient était réduit à une complète impuissance. La rentrée des anciennes cours sou-
veraines, la réunion des États provinciaux

avaient été suspendues. Le pouvoir n'était plus représenté par des administrateurs qu'il eût le droit de choisir ou de révoquer.

L'assemblée, issue de l'élection, ne reconnaissait que des autorités élues et collectives comme elle-même. Sur tous les points du territoire, elle imposait au gouvernement pour organes et pour instruments des corps élus qu'il ne dépendait pas de lui de désigner ou de maintenir en fonctions, qui échappaient même par leur forme élective à toute responsabilité directe. On croyait avoir sauvé le principe de l'autorité en proclamant que tous les pouvoirs locaux obéiraient au pouvoir central.

En réalité, on destituait, on annulait celui-ci : — « Je vois bien, disait Malouet, que les officiers municipaux devront arrêter les efforts des brigands, mais je ne vois pas la place que l'ordonnateur suprême devra tenir entre les officiers municipaux et les brigands ». — « Le législateur, disait Necker, aurait une fonction trop aisée, si, pour opérer cette grande œuvre politique, la soumission d'un grand nombre à la volonté de quelques-uns, il lui suffisait de conjuguer le verbe commander et de dire comme au collège : je commanderai, nous commanderons. L'assemblée nationale n'a pas indiqué par quels moyens elle entendait que le roi se fît obéir. Celui de la force armée n'existe pas, puisque cette force ne doit être mue que par les administrations des départements, des districts et des municipalités. Celui des menaces et des promesses est nul également entre les mains du monarque, puisqu'il ne peut plus faire ni bien ni mal à personne. »

Mirabeau n'avait pas pressenti tous ces inconvénients lorsque l'assemblée délibérait. Par un reste d'habitude révolutionnaire, il s'associa même à plus d'une mesure qui affaiblissait le pouvoir royal. Mais dès qu'il se fut mis en tête de sauver la monarchie, comme il le promettait à la reine dans l'unique entrevue qu'il eut avec elle, il reconnut la nécessité de

reconstituer d'abord l'administration, de rétablir un pouvoir fort. C'est là une des idées qui
reviennent le plus souvent dans les merveilleux
mémoires qu'il adresse à la cour. On dit que
ces mémoires étaient une des lectures favorites de Gambetta. Cela se comprend. Gambetta, qui était un homme d'autorité, avait vu
les ressorts du gouvernement détendus par la
guerre et par la Commune, il cherchait dans
Mirabeau des arguments et des moyens pour
leur rendre toute leur force.

III

Avant d'aller plus loin, il est nécessaire de traiter une question qui a été soulevée récemment. La correspondance de Mirabeau et du comte de la Marck, publiée en 1851 par M. de Bacourt, est-elle complète? Possédons-nous les documents essentiels que Mirabeau mourant avait confiés au comte de la Marck, en lui recommandant de les publier pour venger et justifier sa mémoire?

M. Aulard, professeur d'histoire de la révo-lution à la Faculté des lettres de Paris, en général très bien informé, le conteste absolument. Il rappelle qu'après la mort de Mirabeau, La Marck et Pellenc commencèrent par brûler une partie de ses papiers, parmi lesquels il y en avait beaucoup d'importants.

Les choses ne se sont pas passées aussi simplement que le ferait croire le récit un peu sommaire de M. Aulard. M. Charles de Loménie recompose la scène tout entière, avec une scrupuleuse exactitude. Quand un homme public meurt, le gouvernement retire en général de sa succession les papiers d'État qu'il ne veut pas livrer à la publicité et dont la divulgation lui paraîtrait dangereuse. La cour se garda bien de négliger une précaution si nécessaire. Aussitôt que la mort de Mirabeau fut connue, l'intendant de la liste civile, La Porte, fut chargé de s'assurer, avant l'intervention des gens de justice, qu'aucune pièce compromettante pour la cour ne restait parmi les papiers du mort.

La Marck, ami de la reine autant que de Mirabeau, chercha évidemment, dans cette

circonstance tragique, à concilier des devoirs
en apparence contradictoires. Pellenc lui-
même, simple secrétaire de Mirabeau, traité
souvent par lui en subalterne, mais ayant le
sens de la diplomatie, eut des scrupules rétro-
spectifs. Il raconte dans une note inédite
qu'ayant obtenu l'autorisation de conserver
une pièce importante qui sortait d'un tiroir, il
la trouva dangereuse après l'avoir relue et la
remit directement à de la Porte.

Ainsi s'explique la disparition presque iné-
vitable de beaucoup de papiers. La question
n'est pas de savoir si le comte de la Marck
était tenu de tout publier. Nous n'avons pas
le droit de lui imposer à distance, au nom de
notre curiosité et de nos habitudes documen-
taires, un devoir unique d'éditeur. Il était
meilleur juge que nous de ce qu'il devait d'une
part à la mémoire de son ami, d'autre part
à la cour. L'important est de savoir s'il a
répondu à la pensée de Mirabeau, s'il a bien
servi la gloire du grand orateur, en autori-

sant M. de Bacourt à publier la correspondance.

Sur ce point, aucune hésitation n'est possible. Nulle part le génie politique de Mirabeau ne se révèle avec plus de puissance, plus d'ampleur et d'audace que dans cette publication. Sans ces documents de premier ordre on ne saurait qu'à demi combien il était fait pour gouverner les hommes, avec quelle absence de scrupules, avec quel mélange de fermeté et de raison il aurait dirigé, s'il l'avait pu, les destinées de la France.

Son caractère même n'y a rien perdu. Ce n'est pas la correspondance qui nous révèle sa vénalité[1]. Elle éclate dans toutes les parties de sa vie. Lui-même ne s'appliquait pas à sauver les apparences. A peine eut-il reçu l'argent de la cour, qu'il augmenta effrontément son train de maison. Tout le monde savait qu'il était

---

1. Cette vénalité était publique. Un voyageur étranger, Halem, raconte qu'un jour pendant une des séances de l'Assemblée nationale à laquelle il assistait, son voisin lui dit à l'oreille : « Point d'argent, point de Mirabeau ».

réduit auparavant aux derniers expédients. Il n'en prit pas moins un hôtel dans la Chaussée-d'Antin, un valet de chambre, un cuisinier, un cocher, des chevaux, sans se soucier des commentaires que ce changement de vie allait provoquer.

Ne reprochons donc rien au comte de la Marck, encore moins à M. de Bacourt. Nous en prenons bien à notre aise lorsque nous comparons les devoirs d'un homme du monde chargé par une famille, dans des conditions déterminées, d'une mission spéciale d'éditeur, avec les devoirs d'un historien de profession qui découvre dans une bibliothèque des documents destinés au domaine public.

Ces derniers documents nous appartiennent, ils sont la propriété de tout le monde, ils doivent être publiés dans leur intégrité. Mais celui auquel on confie des manuscrits en le chargeant de les publier est responsable de cette publication envers ceux qui les lui confient. Nous n'avons pas qualité pour juger les

confidences qu'il reçoit, les recommandations
qui lui sont faites. Si par hasard on lui signale
des omissions utiles, des retranchements à
faire, avons-nous le droit de lui en demander
compte? C'est affaire entre lui et les personnes
dont il tient son mandat.

Tous ceux qui ont connu personnellement M. de Bacourt, et je suis du nombre,
savent qu'il était incapable d'altérer un texte.
Il n'y a jamais eu plus galant homme. On peut
répondre avec lui que l'imprimé est la repro-
duction fidèle du manuscrit. S'il ne nous donne
pas tout, comme l'en accusent Stædtler [1] et
après lui M. Aulard, comme il en convient

---

1. J.-Ph. Stædtler, un des anciens secrétaires du comte
de la Marck, traduisit en allemand la publication de
M. de Bacourt en la complétant par des éclaircissements
et par des additions. Il nous renseigne sur quelques-unes
des suppressions que M. de Bacourt a faites sans les dissimuler, mais il ne nous donne pas un détail nouveau
sur la physionomie de Mirabeau. M. Alfred Stern, qui a
fait de son travail une étude très consciencieuse, n'a pu
en tirer ni un détail de mœurs ni un trait de caractère.
Il a trouvé des renseignements bien plus précieux dans
les récits de Halem, d'OElsner et de Gorani. Tous trois
avaient connu et entendu Mirabeau. Leurs témoignages
étaient à peu près oubliés. M. Alfred Stern a bien fait de
les exhumer.

lui-même plusieurs fois, c'est peut-être qu'il n'était pas autorisé à tout publier. Avant de le condamner, il faudrait d'abord savoir quelles étaient les instructions du comte de la Marck.

N'oublions pas d'ailleurs qu'au commencement de ce siècle, suivant la tradition grecque et latine, on considérait l'histoire comme une œuvre d'art au moins autant que comme une œuvre de science. Aujourd'hui nous voulons tout connaître, les rognures, les redites, les détails en apparence les plus infimes, aussi bien que les documents les plus importants. Nous ne savons pas quel parti l'historien de l'avenir pourra tirer du renseignement le plus insignifiant.

Au temps de MM. de la Marck et de Bacourt, on avait un autre genre de scrupule, on se croyait tenu au discernement et au choix. On ne se faisait pas faute d'élaguer ce qui paraissait inutile ou hors de propos. En admettant que M. de Bacourt ait fait ainsi quelquefois de lui-même, sans instructions précises de M. de la Marck, uniquement par amour de l'art — ce qui resterait à prouver, — il serait bien étonnant qu'un homme si scrupuleux eût omis un seul document de quelque importance.

S'il avait trié les papiers comme on l'en accuse, et fait un choix des documents à publier, il pouvait avoir pour cela des motifs ou des informations dont nous ne sommes pas les juges. Parmi les liasses de manuscrits trouvés dans l'hôtel de Mirabeau au moment de sa mort, combien y en avait-il qui n'étaient pas de lui, auxquels il n'avait jamais mis la main, qui lui servaient simplement de matériaux pour ses recherches, ses mémoires ou ses discours !

On en jugera par l'énorme quantité de morceaux étrangers que renferment presque tous les volumes publiés sous le nom de Mirabeau. Ses procédés de composition et de travail exigeaient un groupe de collaborateurs. Duroveray, Dumont de Genève, Clavière, Pellenc, Reybaz, d'autres encore, formaient auprès de lui un véritable atelier auquel il faisait de continuels emprunts. Cela lui coûtait fort cher, mais lui permettait de se tenir prêt sur toutes les questions.

C'est grâce à ce formidable instrument de travail qu'il put prendre la parole sur les sujets les plus divers, s'imposer à une assemblée d'abord hostile et y asseoir son autorité. Plus d'un discours dont la forme et le mouvement oratoire entraînaient les esprits, ne renfermait que des idées qui lui avaient été fournies par d'autres. Le comte de la Marck connaissait cette manière de travailler et l'avait fait connaître à M. de Bacourt.

Pourquoi celui-ci, ayant à publier une correspondance qui portait le nom de Mirabeau, n'aurait-il pas considéré comme un devoir d'éliminer des lettres et des notes personnelles tout ce qui n'était pas de Mirabeau lui-même, ou tout au moins de Pellenc, étroitement associé à ses pensées, tout ce qui pouvait porter par exemple la marque de fabrique d'un collaborateur de troisième ordre? C'est là un genre de scrupule qui a bien aussi son prix, qu'un honnête homme peut éprouver, auquel nous n'avons pas le droit de substituer comme une règle nos habitudes modernes d'information et de publication à outrance.

Soyons reconnaissants à M. de Bacourt de ce qu'il nous a donné, sans lui faire un grief de ce qu'il ne nous donne pas. Il a plus fait que personne pour la gloire de Mirabeau. C'est dans la correspondance publiée par lui que nous trouvons les meilleurs motifs d'admirer la vigueur et la variété des pensées politiques de l'orateur. Les discours de Mirabeau nous font connaître son génie oratoire; l'homme d'État ne se montre chez lui tout entier que dans les mémoires ou notes qu'il adressait à la cour.

Depuis le mois de juin 1790 jusqu'au mois de mars 1791, il a dû en adresser en moyenne deux par semaine. Tous ces documents ne nous sont pas parvenus, mais il nous en reste cinquante qui suffisent à nous faire connaître le fond de la pensée de Mirabeau, comment il jugeait les événements, quel parti il proposait d'en tirer pour sauver la monarchie.

La morale n'a, bien entendu, rien à voir dans cette œuvre de pure politique. C'était, nous le savons, un des moindres soucis de Mirabeau. Il n'y faut pas chercher non plus une suite trop étroite dans les idées. Il ne s'agit pas de composer en toute liberté dans le domaine de l'abstraction une théorie de gouvernement. Il faut compter avec les faits, avec les hommes, avec une situation qui se modifie. La mobilité des événements entraîne nécessairement celle des projets. Les solutions ne sont pas toujours simples, elles peuvent être diverses suivant le cours que prendront les choses. Il est même bon d'en préparer plusieurs afin de ne pas se laisser surprendre par des revirements inattendus.

A travers des hésitations et des tâtonnements de conduite, il y a cependant un point
de doctrine sur lequel Mirabeau ne varie
jamais.

S'il reconnaît les vices de la constitution votée par l'assemblée, s'il lui reproche
notamment d'avoir désarmé et annulé le pouvoir central, il déclare en toutes circonstances
qu'on ne pourra plus toucher aux bases
mêmes de cette constitution, que l'œuvre de
1789 est indestructible, qu'il y a là des conquêtes et des progrès que la royauté doit
accepter sans arrière-pensée, comme la conséquence définitive de la Révolution. Jamais
la nation ne retournera en arrière, jamais elle
ne rétablira la distinction des ordres et les
droits féodaux.

Eût-on le moyen de conquérir le royaume
à main armée, il serait impossible de ressus-
citer l'ancien ordre de choses. Le vainqueur
serait obligé de composer avec l'opinion
publique et de se résigner aux destructions

accomplies. Le roi ne pourra recouvrer l'autorité dont il a besoin qu'à la condition de n'être jamais soupçonné de contre-révolution.

Mais, ce point accordé, comment, par quels moyens rendra-t-on quelque force et quelque indépendance au pouvoir central? Comment remédiera-t-on aux conséquences désastreuses des mesures prises par l'assemblée, à la désorganisation et à l'anarchie qui ruinent le royaume?

C'est la question capitale du moment, c'est surtout pour la résoudre que la cour demande des conseils et un appui. Mirabeau pourrait répondre qu'il est bien tard, qu'on a laissé se commettre et s'aggraver le mal, qu'il a lui-même proposé un plan dès 1788, qu'il n'a cessé depuis lors de renouveler ses offres et qu'on n'a jamais consenti à l'écouter. Mais il est fier de la confiance tardive qu'on lui témoigne, enchanté des subsides qu'il reçoit, et se garde bien de récriminer. Il cherche de bonne foi, tout au moins au début, loyalement et courageusement, la solution. Plusieurs partis sont à prendre; il les examinera ou les proposera successivement.

Le premier moyen d'action qui permettrait
peut-être de reconstituer dans l'assemblée
une majorité forte serait de s'entendre avec
La Fayette. Le roi et la reine désiraient un
rapprochement entre les deux hommes les
plus populaires du royaume. Il leur semblait
que, si ces deux forces s'unissaient pour
sauver la monarchie, la monarchie serait
sauvée.

Mirabeau n'y faisait pas d'objections abso-
lues, quoiqu'il fût très défiant, nous l'avons
vu, à l'égard de La Fayette; mais il entendait

prendre ses précautions. La lettre qu'il écrit au général le 1ᵉʳ juin 1790 et la note qu'il fait remettre au roi le même jour nous font connaître son état d'esprit.

On l'a quelquefois accusé de jouer en cette circonstance un double jeu, de flatter La Fayette pendant qu'il le dénonce à la cour. Cette duplicité était bien dans les habitudes de Mirabeau, il s'en rendit souvent coupable; toutefois en rapprochant l'un de l'autre les deux documents publiés par M. de Bacourt, je n'y trouve pour ma part aucune trace de perfidie. J'y vois simplement la perspicacité de l'homme d'État.

Mirabeau offre bien à La Fayette de signer un traité de paix, de servir à côté de lui, comme le père Joseph sous Richelieu, mais les termes de sa lettre sont plus sévères qu'aimables. Il reconnaît que le général est puissant, mais il lui reproche de faire un mauvais usage de sa puissance, de ne rechercher que les amitiés et les concours subalternes. Il tient surtout à montrer qu'il ne se paie pas d'apparences, qu'il se sait méconnu, sacrifié à des rivaux obscurs, séparé du général par des intrigues de bas étage. « Vous en croyez de petits hommes, dit-il en finissant, de petits hommes qui, pour de petites considérations, par de petites manœuvres et dans de petites vues, veulent nous rendre inutiles l'un à l'autre. »

Celui qui écrit cette phrase a bien le droit de se retourner le même jour vers le roi et de lui dire en toute liberté ce qu'il pense de La Fayette. Il n'en pense rien de bon. Il croit le général hors d'état de résister aux passions populaires. Comment celui qui doit tout aux Parisiens et aux gardes nationales pourrait-il leur opposer une barrière? Le politique qui n'a acquis son influence qu'en se mettant au ton de Paris sera toujours forcé pour la conserver de suivre le torrent. Si ses principes n'étaient pas ceux de son armée, ne serait-il pas bientôt sans soldats et sans pouvoir?

Composer un ministère dont La Fayette serait le chef, ce serait livrer le royaume à Paris, tandis qu'on ne peut se sauver qu'en ramenant Paris par le royaume. Mirabeau a ses raisons pour insister sur ce point. Il craint que la cour ne penche du côté de son rival. Il veut bien travailler avec La Fayette au salut de la monarchie, mais à la condition de le surveiller et de le contenir. Il ne sera l'Éminence grise de ce Richelieu que si l'Éminence grise tient en mains tous les ressorts du pouvoir.

C'est ce qu'il explique le 20 juin 1790 dans une nouvelle note adressée à la cour. Il voudrait que la reine fît venir La Fayette devant le roi et lui demandât nettement d'accepter la collaboration de M. de Mirabeau.

Cette collaboration, il la réclame entière, journalière, ostensible. Il entend donner son avis dans toutes les affaires. Il faut que la cour puisse dire : ces deux hommes-là ne font qu'un, il faut que le public le sache et le croie.

Que ce rapprochement ne soit pas un rapprochement d'amitié, qu'il soit purement politique, peu importe. Mirabeau n'a pas besoin de l'amitié de La Fayette, mais il a besoin de tout savoir, d'entrer dans le secret de tout.

On voit bien ce que Mirabeau aurait gagné à ce pacte. Il ne dissimule pas son intention d'agir sur les provinces, de nouer des intelligences avec les gardes nationales. Il se réserve la direction des brochures, des journaux, de la correspondance, la haute main sur le choix du personnel. Dans le tête-à-tête qu'il entrevoit avec son futur collaborateur il espère bien, tout en s'abritant derrière un nom qui a conservé tout son prestige, qu'aucun soupçon n'effleure, retenir et exercer le pouvoir.

La Fayette sera l'honneur et la décoration du nouveau gouvernement, Mirabeau en sera l'âme. Le plan échoua, non par la faute de la cour, qui fut certainement tentée de l'appliquer, mais par la résistance de La Fayette. Celui-ci se cabra aux premières ouvertures

qui lui furent faites. Le nom de Mirabeau lui
fit soupçonner un marché ou une intrigue, il
flaira un piège et resta sur la défensive. Son
attitude fut si décourageante qu'on n'osa pas
renouveler la tentative.

Une lettre que le roi devait lui adresser, que
Mirabeau avait sans doute inspirée, resta dans
l'armoire de fer où on la retrouva plus tard.
Mirabeau le sut et s'en souvint. Les notes
qu'il adresse à la cour sont remplies des jugements les plus sévères et souvent les plus jus-
tifiés sur la conduite de La Fayette. Il le prend
constamment corps à corps comme l'adversaire
le plus insidieux et le plus dangereux de la
royauté.

Si on ne peut faire aucun fonds sur La Fayette, si on ne peut compter ni sur sa pénétration ni sur sa fermeté, s'il est condamné à rester dans la dépendance de ceux dont il a l'air d'être le chef, ne pourrait-on sans lui agir sur l'assemblée, ne pourrait-on, tout en maintenant les principes constitutionnels, y obtenir une revision des parties défectueuses de la constitution?

Dès qu'il s'agit de régler les rapports de la cour et de l'assemblée, Mirabeau revient sur une idée profondément juste, qu'il a essayé l'année précédente de faire prévaloir, qui n'a échoué que par une coalition inattendue de la droite et d'une partie de la gauche. Il rappelle l'avantage qu'il y aurait à choisir les ministres parmi les membres de l'assemblée. On rétablirait la cordialité et la confiance entre la majorité et la cour, l'unité d'action dans le gouvernement, l'intégrité du pouvoir royal, qui ne peut être garantie que par la responsabilité ministérielle.

Il presse la cour de faire attaquer la résolution impolitique qui exclut les députés du ministère, et il s'offre lui-même à porter les premiers coups. S'il était élu président de l'assemblée, peut-être pourrait-il la faire revenir sur ses décisions antérieures. Mais, là encore, il rencontre l'opposition de La Fayette, de plus en plus défiant. Pendant que la cour hésite entre les deux adversaires qu'elle a vainement essayé de rapprocher, tous deux consument leurs forces dans la plus stérile des luttes.

Mirabeau n'en continue pas moins à chercher et à proposer des moyens d'action. Son imagination infatigable lui en fournit sans cesse de nouveaux.

Un jour il reprend une de ses thèses favorites, il rappelle la nécessité de soustraire le roi aux agitations et aux influences de Paris. Il conseille à la cour de se rendre à Fontainebleau, où le roi demandera une escorte des gardes nationales. Cela lui permettra en même temps de se faire garder par des troupes de ligne. On n'osera pas les lui refuser dans la crainte de mécontenter toute l'armée. Mirabeau va jusqu'à désigner les régiments et les colonels sur lesquels on peut compter [1].

On organisera ainsi une force armée qui, en assurant la sécurité du souverain, pourra

1. Quoique Mirabeau désigne Bouillé comme le général sur lequel il y aurait le plus de fonds à faire, son plan n'a pas de rapport avec la fuite de Varennes. Il ne conseille ni d'aller à la frontière, ni de chercher un appui au dehors. Il compte pour réussir sur les assemblées départementales autant que sur l'armée, et il engage le roi à rester au cœur du royaume en relations étroites avec elles.

devenir un foyer de résistance. L'anarchie fait tant de progrès qu'il faut se préparer à la lutte et qu'on aura besoin de soldats fidèles. Les régiments suisses sont très sûrs. On pourrait les échelonner sur la frontière depuis la Manche jusqu'à Landau et jusqu'à Besançon.

L'important serait de relier entre eux les différents corps de troupes en les plaçant sous le commandement supérieur d'un inspecteur général. Le comte de la Marck est tout désigné pour cet emploi. L'infanterie allemande pourrait aussi être pourvue d'un chef. Mais ce que Mirabeau désire par-dessus tout, c'est qu'on prépare une organisation et un plan d'ensemble. Autrement, l'armée, dépourvue d'unité et de cohésion, périra, comme la nation, par l'anarchie.

Un autre jour, Mirabeau insiste pour qu'on agisse sur l'opinion. Elle a tout détruit, elle peut tout rétablir. On devrait consulter les hommes les plus influents dans chaque département, mettre à leur disposition des lieutenants dévoués, choisis; non pas des créatures désignées par les ministres, mais les talents les plus en vue, les caractères les plus fermes et leur confier le soin de travailler les provinces.

Un millier de sentinelles qui veilleraient sur les principes, un millier d'auxiliaires distribués avec art sur l'ensemble du territoire exerceraient une influence décisive si on avait le talent de les bien choisir.

Par une vue de génie, Mirabeau, qui s'est si souvent servi à son profit de la publicité, devine tout le parti qu'on pourrait tirer de la presse. Les longs ouvrages ne sont lus que par un petit nombre de personnes. Ce qui réussirait le mieux, ce qui donnerait le plus d'ampleur à la propagande constitutionnelle et monarchique serait un journal vendu à très bas prix. Mirabeau expose alors les idées qu'il serait utile de répandre : respect de la constitution dans ses principes essentiels, nécessité de certaines réformes, « prouver surtout qu'il ne peut y avoir de liberté sans obéissance à la loi, de loi sans force publique, et de force publique sans confiance dans le pouvoir exécutif ». Nulle part on n'a déterminé en moins de mots, avec plus de précision et de vigueur, les conditions d'un gouvernement libre.

Suivant lui, le salut viendra des provinces. Il serait bon de favoriser la coalition que les départements projettent, d'écouter leurs réclamations sur l'inutilité des districts et sur le trop grand pouvoir des municipalités, de faire sentir aux peuples qu'une administration centrale serait tout à la fois plus économique et plus forte.

De telles mesures ne présenteraient aucun danger et n'exigeraient même pas de grands efforts. Elles coûteront seulement beaucoup d'argent. Il faudra savoir en dépenser. Mirabeau, qui s'y connaît, conseille de ne faire aucune économie sur ce chapitre. Il demande même au roi de supprimer toutes les pensions qui se paient sur sa cassette. Pas de fausse sensibilité. Le salut de l'État avant tout. Les mendiants auront leur tour dans des temps plus prospères.

La lutte que Mirabeau entrevoit entre les départements et Paris, qu'il appelle même de tous ses vœux, le conduit à envisager l'éventualité de la guerre civile. Il le fait avec une tranquillité effrayante. Le déchirement de la patrie, le sang français versé par des mains françaises, rien ne l'arrête. « La guerre civile, dit-il simplement, laisse encore de grandes ressources à la liberté publique, à la constitution, à l'autorité royale. » Il voit déjà en imagination la reine et le dauphin à cheval.

Quel contraste entre l'audace de ces conseils et l'impuissance de ceux à qui on les donne! Marie-Antoinette toute seule, en vraie fille de Marie-Thérèse, eût peut-être essayé de reconquérir son royaume l'épée à la main, comme Henri IV. Mais que faire de l'être inerte, du roi sans volonté auquel elle était associée? Le courage de bien mourir était le seul dont Louis XVI fût capable.

Malgré sa vaillance, la reine frissonna en lisant la huitième note adressée par Mirabeau à la cour. Elle n'était pas au bout des surprises que lui réservait ce terrible homme. Dans sa trentième note, une des plus belles qu'il ait écrites, Mirabeau, après avoir admirablement déterminé ce qu'il y a d'immortel et ce qu'il y a de fragile dans une constitution votée au milieu de la tempête, à travers la résistance des ordres privilégiés, sous la pression de la multitude, sous l'influence de la crainte et de la haine, définit le parti populaire. « Le parti véritablement populaire est celui qui veut maintenir la constitution contre les mécontents. La cour sera de ce parti si elle ne leur donne aucun espoir; si, abandonnant sans retour l'ancienne magistrature, la noblesse et le clergé, elle paraît soutenir de toute son influence la majorité actuelle de l'assemblée; car, se réunir à elle, c'est acquérir le droit et le moyen de la diriger, et diriger c'est gouverner. Là est la véritable puissance. »

Allant jusqu'au bout de sa pensée, Mirabeau, qui ne veut ni conserver les ministres ni subir un ministère composé de créatures de La Fayette, ne recule pas devant un ministère jacobin. Les raisons qu'il en donne sont célèbres. « Des jacobins ministres ne seraient pas des ministres jacobins. Pour un homme, quel qu'il soit, une grande élévation est une crise qui guérit les maux qu'il a, et lui donne ceux qu'il n'a point. Placé au timon des affaires, le démagogue le plus enragé, voyant de plus près les maux du royaume, reconnaîtrait l'insuffisance du pouvoir royal. »

Si cette idée fait peur, pourquoi ne pas s'arrêter à un moyen terme? Qui empêcherait de réunir dans le même ministère avec des jacobins plusieurs membres d'une autre section du parti populaire? Ils se corrigeraient les uns par les autres et formeraient une opinion moyenne de nature à décourager les démagogues, à ranimer au contraire les espérances des honnêtes gens.

Quelques jours après, Mirabeau va plus loin encore. Dans le cas où le décret qui interdit aux députés l'accès du ministère serait rapporté par l'assemblée, il conseille de nommer ministres les chefs des jacobins. « Tous! tous (cela fait horreur, mais cela est profondément habile)! qu'on les nomme; car s'ils tiennent, tant mieux, ils seront forcés de composer, et s'ils ne tiennent pas, ils sont perdus, eux et leur parti. »

Mirabeau ne se trompait pas sur le parti qu'un gouvernement résolu pouvait tirer des jacobins. Un homme de sa trempe les aurait disciplinés; avant Bonaparte, il en aurait fait des ministres, des chambellans, des administrateurs, des pourvoyeurs de sa police. Mais il lui manque le moyen de mettre à l'épreuve ces ambitions, ces appétits qu'il devine sous les déclamations des tribuns. Il ne gouverne pas, il ne dispose ni des places, ni des hon-

neurs, ni de l'argent. Il n'est qu'un donneur
de conseils dont la voix se perd dans le vide,
le conseiller énergique, mais peu écouté, du
plus indécis, du plus débile des gouvernements.

CHAPITRE XI

DISCOURS RÉVOLUTIONNAIRES DE MIRABEAU DANS L'ASSEMBLÉE. — LA PRÉSIDENCE DU CLUB DES JACOBINS. — DERNIERS CONSEILS DE MIRABEAU A LA COUR

I

Il y a des moments où Mirabeau se rend compte de l'inutilité de ses efforts, où il comprend qu'il ne parviendra jamais à faire passer son énergie dans des âmes timides. Il se lasse alors de son rôle de subalterne, il fait dans l'assemblée des rentrées éclatantes, comme pour montrer à la cour la force qu'on inutilise, ce dont il serait capable si on lui confiait une fois la direction des affaires.

Un jour, il s'attaque à Necker, auquel il n'a jamais pardonné d'avoir méconnu son génie, il le précipite du pouvoir en lui portant les derniers coups. Le lendemain, il s'étonne que les ministres ne proposent aucune résolution à propos des troubles de Brest. Pendant que le côté droit de l'assemblée défend le drapeau blanc, il s'élance à la tribune, et, dans une de ses improvisations les plus véhémentes, il rappelle que les trois couleurs ont été données aux troupes comme le signe de ralliement des amis de la liberté, et portées par le roi lui-même.

Il y a des questions sur lesquelles Mirabeau ne peut pas transiger. Tout retour en arrière, toute résurrection de l'ancien régime, répugnent à sa conscience comme à sa raison. Il a vu, dès le début de la révolution, le mal que les regrets, les hésitations et les fautes des ordres privilégiés ont causé à la monarchie. A aucun prix il ne se fera le complice de nouvelles erreurs de ce genre. Puisque la

cour veut bien le consulter, il conseillera toujours de se rapprocher du parti populaire,
jamais de la droite. Quand on s'est adressé à
lui, on connaissait son passé, ses opinions,
ses engagements. Il n'en changera pas. Il
cherchera, au contraire, à détruire dans l'esprit du roi et de la reine tout ce qui pourrait
leur rester de confiance dans les représentants
de l'ancien ordre de choses.

D'ailleurs, il ne peut servir utilement la
cour qu'à la condition de rester lui-même en
pleine possession de son influence et de sa
popularité.

C'est sans doute pour les rajeunir — qu'il
prononce, dans la séance du 13 novembre 1790,
un discours très violent. Ce jour-là, Mirabeau
a certainement tenu un langage révolutionnaire assez peu compatible avec les sentiments
qu'il témoignait dans ses notes à la cour. Mais
il serait injuste d'isoler ce discours des circonstances au milieu desquelles il a été prononcé.

Mirabeau était mécontent que la cour, tout en lui demandant des conseils, ne voulût en suivre aucun et se fût obstinée à conserver des ministres dont il demandait le renvoi depuis plusieurs mois, dans l'intérêt même de la royauté. Le maintien du ministère et l'irritation qu'en éprouvaient beaucoup de députés avaient amené dans l'assemblée même des scènes scandaleuses. La droite, qui compromettait les ministres en les défendant, avait interrompu par des murmures et par des cris le discours où Mirabeau demandait que, malgré l'indifférence et l'inaction du ministère, les couleurs nationales fussent portées par la marine aussi bien que par l'armée.

Au moment où l'orateur cessait de parler, on avait prononcé les mots de scélérat et d'assassin. Quelques jours plus tard, à l'occasion d'un débat sur l'île de Corse, plusieurs collègues de Mirabeau avaient levé leur canne pour le frapper ; l'un d'eux l'avait même menacé d'un stylet.

Ces violences avaient échauffé les esprits dans l'assemblée et au dehors. Des provocations s'échangeaient, Charles de Lameth se battait en duel avec le duc de Castries et recevait au bras une blessure profonde. Le peuple de Paris crut que la droite voulait se débarrasser du parti populaire par une série de duels. On prit parti avec passion pour Charles de Lameth, la foule envahit l'hôtel de Castries et le mit à sac.

Le même jour, le bataillon du district de Bonne-Nouvelle se présenta à l'assemblée pour demander vengeance « contre l'homme audacieux qui a osé provoquer Lameth ». La droite proteste, la gauche applaudit, et, au milieu du tumulte, le député Roy s'écrie : « Il n'y a que les scélérats qui puissent applaudir ». Menacé d'arrestation, l'interrupteur est défendu d'abord par M. de Virieu, puis par M. de Foucauld, qui, dans une des séances précédentes, avait apostrophé Mirabeau avec une extrême violence.

M. de Foucauld ayant terminé son discours en disant que, s'il s'agissait de lui-même, si on ordonnait son arrestation, il n'obéirait pas. Mirabeau demanda à Malouet de lui céder son tour de parole et releva la provocation dans les termes les plus vifs.

Rappelé à l'ordre par le président, menacé et injurié par la droite, il céda sans doute à un mouvement de colère auquel le souci de sa popularité n'était pas étranger, et il fit l'apologie des patriotes qui avaient saccagé l'hôtel de Castries, mais sans y dérober un seul objet. en s'inclinant même devant Mme de Castries et en respectant religieusement le portrait du roi. « Voilà, disait il, quel est le peuple. violent, mais exorable ; excessif, mais généreux ; voilà le peuple, même en insurrection, lorsqu'une constitution libre l'a rendu à sa dignité naturelle et qu'il croit sa liberté blessée. Ceux qui le jugent autrement le méconnaissent et le calomnient. »

II

La cour fut justement étonnée et inquiète
d'un tel langage. Le comte de la Marck en
témoigna sa surprise et l'archevêque de Tou-
louse, qui remettait à la reine les notes de
Mirabeau, ne put s'empêcher de dire qu'après
de pareils écarts la confiance devenait difficile.
Au fond, Mirabeau ne regretta et ne retira
rien de ce qu'il avait dit.

Il s'en explique sans le moindre embarras
dans sa quarante-deuxième note à la cour. Il
y mettait en quelque sorte le marché à la
main. Il fallait l'accepter tel qu'il était, comme

un ami et un défenseur du peuple. Il ne pouvait défendre les véritables intérêts du trône que si le peuple était accoutumé à l'écouter sans défiance. Sa popularité était une ressource qu'on ne devait laisser affaiblir par aucun soupçon.

En même temps, il savourait le plaisir d'être redevenu l'idole des Parisiens, de ne plus entendre opposer aux calculs ambitieux dont on le soupçonnait quelquefois la pureté du civisme de La Fayette. En quelques jours, à la suite de deux discours énergiques et hardis, il avait reconquis toute sa popularité.

Les bons patriotes étaient invités à souscrire pour faire reproduire par la gravure son portrait peint en pied. A la Comédie-Française, où l'on venait de reprendre la tragédie de *Brutus*, Mirabeau était reconnu dans sa loge, acclamé par le public et invité à s'asseoir à une place d'honneur.

Symptôme plus significatif encore! Le 30 novembre 1790, il est élu président de la Société des jacobins, dont il faisait partie depuis la fin de 1789, mais où il ne se montrait assidu que depuis deux mois. La société est en pleine prospérité, elle compte à Paris plus de mille adhérents; cent cinquante sociétés de province y sont affiliées.

Mirabeau croit y trouver un puissant moyen d'action, en même temps qu'il y apporte le prestige de sa renommée et l'autorité de sa parole. Il y impose silence à Robespierre, dont il avait deviné « l'incalculable ambition », mais qu'il écrase de sa supériorité et dont il disait avec hauteur : « Je défie Robespierre de me dépopulariser ».

Dans la pensée de Mirabeau, la présidence de la Société des jacobins devait le conduire à la présidence de l'assemblée, qu'il ambitionnait depuis longtemps et dont La Fayette avait contribué à l'écarter.

Cette fois encore, il éprouve une nouvelle déception. M. d'André est élu à sa place. Il en ressent un dépit assez violent pour vouloir aller prendre sa revanche en Provence et y combattre les partisans de M. d'André. Il revient cependant sur ce mouvement de mauvaise humeur, en recevant des témoignages de sympathie qui le flattent et le désarment.

« Un homme aussi utile à la chose publique, écrit la *Chronique de Paris*, ne commet-il pas une imprudence lorsqu'il s'éloigne du temple de la loi?... M. de Mirabeau est nécessaire à l'Assemblée nationale comme un roi à un gouvernement monarchique. » Quelques sections de Paris lui envoient des députations pour le prier de ne pas s'éloigner; la Société des jacobins, après un discours éloquent de Barnave, vota une résolution dans le même sens [1].

1. La bonne intelligence entre Mirabeau et les Jacobins n'a pas duré sans nuages jusqu'au bout. Le 28 février 1791, peu de semaines avant sa mort, il y fut attaqué violemment par Duport et Alexandre de Lameth pour avoir combattu le jour même à l'assemblée un projet de loi contre les émigrants. Le récit de cette séance fait par l'Allemand OElsner, publié en 1794, a été retrouvé par M. Alfred Stern, qui en tire de curieux détails. Camille Desmoulins et Dubois-Crancé, qui la racontent également.

insistent surtout sur l'embarras de Mirabeau « qui suait à grosses gouttes ». OElsner fut frappé, au contraire, du sang-froid de l'orateur. On cherchait évidemment à l'exaspérer et à le faire sortir des gonds pour amener une rupture violente entre lui et les Jacobins. Il évita le piège en restant maître de lui-même, il répondit deux fois à ses adversaires et finit par enlever les applaudissements de ceux-là mêmes qu'il ne pouvait convaincre.

III

Pendant que Mirabeau retrouvait sa popularité un instant menacée, il rétablissait ses
relations avec la cour dans des conditions
nouvelles.

Les ministres, qu'il avait si longtemps atta-
qués sans réussir à les renverser, venaient
enfin de succomber. Il n'avait pu empêcher
qu'on les remplaçât par des amis de La
Fayette. Mais un membre de l'ancien ministère, homme de cœur, personnellement dévoué à la cour et prévenu depuis peu contre

le commandant des gardes nationales, M. de Montmorin, était resté en fonctions. Quoique Mirabeau, qui avait été son protégé, son émissaire en Prusse, auquel il avait rendu des services d'argent, eût eu de grands torts envers lui et eût manqué à tous les devoirs de la correction diplomatique en publiant l'*Histoire secrète de la cour de Berlin*, un même sentiment les rapprochait : le désir de sauver la monarchie.

Sans qu'on sache bien exactement lequel des deux fit des ouvertures à l'autre, il semble que la cour ait souhaité et favorisé leur rapprochement. On n'avait plus guère le choix ni des auxiliaires, ni des moyens. Si l'on voulait se sauver, il fallait se servir des dernières ressources qui restaient.

Ressources bien incertaines, bien précaires en vérité, à en juger par la quarante-sixième et la quarante-septième note adressées à la cour après une entente avec M. de Montmorin !

Comme toujours, Mirabeau est tout à fait supérieur dans la partie critique. Il peint les difficultés de la situation avec une précision effrayante. — « Il est évident que nous périssons, nous, la royauté, l'autorité, la nation entière; l'assemblée se tue et nous tue. »

Paris surtout, comme il l'a déjà souvent dit, l'inquiète au plus haut degré. — « Cette ville connaît toute sa force; elle l'a exercée tour à tour sur l'armée, sur le roi, sur les ministres, sur l'assemblée; elle l'exerce sur chaque député individuellement, elle ôte aux uns le pouvoir d'agir, aux autres le courage de se rétracter, et une foule de décrets n'ont été que le fruit de son influence. »

Comment, d'ailleurs, rétablir l'autorité dans une ville qui appartient à la garde nationale? La garde nationale est-elle autre chose qu'un instrument entre les mains des factieux? L'assemblée aussi est un obstacle, peut-être le plus grand de tous. Personne aujourd'hui n'a plus d'ascendant sur elle. Elle échappe à toute influence ; comme le peuple qu'elle représente et auquel elle ressemble, elle n'agit plus que par des mouvements brusques, passionnés, précipités. Quant au roi, quelle influence lui reste-t-il? Il n'a plus ni places à distribuer, ni récompenses à donner. Le pouvoir exécutif n'existe plus, puisqu'il n'a plus ni agents, ni organes.

Voilà les difficultés. Quels sont maintenant les remèdes? Est-ce la fatalité d'une situation sans issue? Quelles que soient la fertilité d'invention de Mirabeau, son audace et son absence de scrupules, il ne paraît avoir trouvé aucun moyen décisif de rétablir l'intégrité du pouvoir en conservant la liberté. J'entends bien qu'il propose de tendre des pièges à l'assemblée, d'embarrasser sa marche et de la pousser vers une tyrannie qui la rendrait odieuse au pays.

Est-on sûr qu'elle se prête à ces combinaisons machiavéliques? est-on même sûr que ces combinaisons réussiraient? Combien de fois a-t-on réussi dans l'histoire à faire sortir le bien de l'excès du mal? Quand on en est réduit à cette extrémité, on risque fort de précipiter le mal sans obtenir en échange la compensation qu'on espère.

Pousser l'assemblée à retenir ou à usurper tous les pouvoirs, désorganiser le royaume, multiplier l'anarchie, préparer une crise aiguë, est-ce bien frayer les voies à une monarchie constitutionnelle? On prépare ainsi la Terreur et l'Empire, Robespierre et Bonaparte. On ne laisse aucune chance à la liberté. Et cependant Mirabeau ne veut instituer qu'un gouvernement libre; il a toujours combattu, il combat encore le despotisme.

Mais en le combattant il ne s'aperçoit pas qu'il le crée. Au pouvoir absolu qu'il reproche à l'assemblée d'accaparer, il substitue un gouvernement occulte concentré en quelques mains, une coalition mystérieuse, dont les membres seront associés sans le savoir, sous

la direction de Montmorin et sous la sienne.
Il organise le nouveau parti constitutionnel
comme une vaste conjuration qui partirait
de la cour pour embrasser tout le royaume.
Trois moyens d'action seraient à la disposition des conjurés, l'argent, la publicité, l'es-
pionnage.

L'enjeu est si gros qu'il faut se résigner à
d'énormes dépenses. On n'aura des hommes
sûrs et dévoués qu'en les payant. Mirabeau
sait mieux que personne à quel prix s'achète
une conscience. Un atelier de publications
sera établi à Paris d'où il rayonnera sur les
provinces. Cet ensemble de mesures sera
complété par un atelier de police dont Mirabeau détermine les attributions avec une précision minutieuse.

Chaque jour les deux chefs du complot,
Montmorin et lui, doivent savoir ce qui se
passe à l'assemblée, aux Jacobins, au club
monarchique, dans les lieux publics, dans les
cafés, aux théâtres, dans les clubs, sur les pro-

menades, chez M. de la Fayette, parmi les ouvriers, les membres du clergé, les journalistes, aux ministères, chez le roi et chez la reine, dans les départements, dans les tribunaux, dans le corps électoral.

IV

Il est difficile d'imaginer un plus formidable instrument de despotisme. Le comité de Salut public et la police de Fouché n'iront pas au delà.

Si on eût fait cette observation à Mirabeau, il aurait répondu qu'on périssait par la liberté, qu'il fallait d'abord sauver le pouvoir exécutif, qu'on s'occuperait du reste ensuite. Qu'un esprit si libre, si sincèrement attaché au gouvernement représentatif, en fût arrivé là, cela indiquait clairement que l'anarchie ramenait la France au pouvoir absolu.

Puisque cette extrémité ne pouvait guère être évitée, il faut regretter peut-être qu'au lieu de jouer le rôle ingrat d'un conseiller mal écouté, Mirabeau n'ait pas été chargé d'exécuter lui-même son plan. Dans tout ce qu'il écrit à cette époque, dans tous les détails de sa correspondance, on sent le frémissement intérieur d'un homme qui aspire à gouverner, dont l'esprit est assiégé par l'image d'un gouvernement fort et qui s'épuise en objurgations désespérées pour faire passer quelque chose de son énergie dans des âmes inertes.

La Marck l'accuse quelquefois de ménager sa popularité, de ne pas savoir prendre un parti entre les Jacobins et la cour, de se réserver avec intention, afin de se trouver au dernier moment du côté du plus fort. Mais ceux au nom desquels on lui adresse ce reproche méritaient-ils qu'il se sacrifiât pour eux?

On lui demandait des conseils sans les suivre: en réalité on ne lui témoignait qu'une confiance apparente. Comme l'indiquent une lettre de Marie-Antoinette au comte de Mercy et une lettre du roi au marquis de Bouillé, la cour cherchait surtout à le neutraliser, à ne pas l'avoir contre elle : « Écoutez le projet de Mirabeau, écrivait le roi, mais sans trop vous y livrer ». — Il ne semble pas qu'on ait eu une seule fois l'intention arrêtée de mettre entre ses mains les destinées de la monarchie.

Lui-même le sentait parfaitement, il ne se trouvait ni assez secondé, ni assez soutenu. Bien souvent, il aurait voulu compléter ses notes manuscrites par des explications verbales qui lui auraient permis de mieux préciser certains détails, de faire plus facilement passer sa conviction dans les esprits. On s'y refusait toujours. La reine ne daigna le recevoir qu'une seule fois, et, malgré de fréquentes instances, ne consentit jamais à lui accorder une nouvelle entrevue.

D'ailleurs, qu'espérer d'un prince dont rien

ne parvenait à secouer l'inertie? « Le roi. écrivait La Marck au comte de Mercy, est sans la moindre énergie. M. de Montmorin me disait l'autre jour tristement que lorsqu'il lui parlait de ses affaires et de sa position, il semblait qu'on lui parlât de choses relatives à l'empereur de la Chine.... La reine est attachée à un être inerte. »

Dans la campagne qu'il entreprenait avec de si pauvres alliés, Mirabeau donnait encore plus qu'il ne recevait. Les derniers efforts qu'il fit à l'assemblée témoignent d'un courage très supérieur à celui de la cour. Au milieu de l'émotion causée par le départ de Mesdames. tantes du roi, il osa réclamer pour elles le droit de quitter le royaume. Il exposa cette popularité à laquelle on l'accusait d'être si attaché, en combattant la loi sur les émigrants, en annonçant même que, si on la votait, il n'y obéirait pas.

Ce fut lui aussi qui, en face de l'émeute, rédigea au nom du Directoire dont il avait été élu membre et fit afficher sur les murs de Paris une proclamation énergique : « Les auteurs des troubles, y disait-il courageusement, déshonorent souvent la liberté, car la liberté ne consiste point à ne reconnaître aucune autorité; elle consiste à n'obéir qu'à la loi constitutionnellement faite.... On reconnaît un peuple, qui, l'ayant conquise, est digne de la conserver à la tranquillité intérieure, à la confiance qu'il a dans ses chefs, à la sécurité avec laquelle chacun se livre à son industrie, enfin à la prospérité générale qui est toujours l'ouvrage des bonnes lois. »

Enfin, il faut citer, parmi les dernières paroles que Mirabeau prononça, une déclaration formelle d'attachement à la monarchie. Un mois avant sa mort, il disait résolument en pleine assemblée : « Notre serment de fidélité au roi est dans la constitution, il est constitutionnel.... Je dis qu'il est profondément injurieux de mettre en doute notre respect pour ce serment. »

CHAPITRE XII

I

C'était le chant du cygne. Le dénouement de tant d'efforts approchait, imprévu et terrible. Personne ne paraît avoir soupçonné l'imminence du danger. La forte constitution de Mirabeau faisait illusion à ses amis, à son médecin et à lui-même. Mais, sans qu'on s'en aperçût, la fatigue morale et physique usait ses forces avec une effrayante rapidité. Depuis trois ans sa robuste santé avait subi des atteintes qui eussent inquiété un homme moins vigoureux ou plus prudent. Des accès de coliques néphrétiques ou bilieuses, des ophtalmies fréquentes indiquaient l'existence d'un mal intérieur. Au mois de février 1789, il avait été cruellement éprouvé par une maladie inflammatoire des entrailles. Peu après la réunion des États généraux, il avait souffert d'une jaunisse mal soignée, dont il ne se remit jamais complètement.

Mais ce qui détruisit plus rapidement que tout le reste cette puissante organisation, ce fut le mélange du travail et du plaisir. On a peine à comprendre qu'il ait pu supporter, même pendant quelques mois, un tel excès et une telle continuité de fatigues. Il ne se repose pour ainsi dire jamais. Dès sept heures du matin sa maison est remplie; jusqu'au moment où il se rend à l'assemblée, les solliciteurs et les admirateurs l'assiègent. Dans la rue la foule l'attend pour le voir et le saluer au passage. S'il monte en voiture, son vis-à-vis bleu rayé est suivi par le public; s'il sort à pied, une escorte de jeunes gens l'accompagne.

Il n'en faut pas moins préparer le travail parlementaire, se tenir prêt à prendre part aux délibérations de l'assemblée, rédiger pour la cour des mémoires et des notes, stimuler l'activité des collaborateurs qui composent auprès de l'homme politique un atelier permanent, recueillir et s'approprier des mémoires sur les questions les plus diverses, dépouiller une correspondance très étendue qui grossit tous les jours [1].

« Il faudrait que vous fussiez une salamandre, lui disait Dumont de Genève, pour vivre dans ce feu dévorant sans vous consumer. »

1. Sa correspondance était déjà si étendue au commencement de la Révolution, qu'il avait refusé de payer ses ports de lettres et que l'intendant général des postes, sur l'ordre même du roi, lui avait accordé la franchise qu'on accorde aux fonctionnaires publics.

II

Le luxe dont les subsides de la cour permirent à Mirabeau de s'entourer l'exposait à
un autre péril, celui de goûter avec trop d'avidité des jouissances dont il avait été longtemps privé. A peine eut-il reçu de l'argent
qu'il se livra sans mesure comme sans vergogne à son goût pour la dépense. Peu lui
importait qu'on soupçonnât la source du faste
nouveau qu'il déployait. Il passa sans transition et sans embarras d'un état voisin de la
misère à l'ostentation de la magnificence.

La maison où il s'installa fut somptueusement décorée. Il commença par acheter une partie de la bibliothèque de Buffon et par réunir une collection précieuse de pierres gravées. Sa salle à manger est considérée comme une merveille par tous ceux qui en parlent. « Des quatre côtés de cette chambre, dit Gorani, l'un présentait un buffet riche et élégant, travaillé avec un goût raffiné, avec des vases antiques remplis de choses exquises. Un côté formait une bibliothèque de livres superbement reliés et d'éditions rares. Un côté était couvert de tableaux représentant les plaisirs de la table et le quatrième de ces côtés était tapissé d'estampes rares sur le même sujet. »

La chère qu'on faisait dans cette salle à manger magnifique répondait au luxe de l'installation. Les repas étaient longs. Mirabeau les animait par les saillies d'une conversation étincelante. On y tenait des propos fort libres. Afin d'éviter toute contrainte et toute indiscrétion possible, le maître de la maison avait imaginé un procédé ingénieux, il avait presque supprimé le service des domestiques. Ceux-ci ne paraissaient qu'à des intervalles réguliers. Lorsque la table était servie, les convives entraient dans la salle à manger. On s'asseyait sans cérémonie et chacun trouvait près de sa place une servante à quatre étages couverte de bouteilles, de verres et d'assiettes. Les invités se servaient ainsi eux-mêmes.

Après le premier service, Mirabeau faisait signe d'interrompre la conversation et sonnait. Trois valets emportaient immédiatement les plats vides et les remplaçaient par les plats du second service. Après quoi tous disparaissaient. La même cérémonie se renouvelait à la fin du second service pour le dessert. Le café et les liqueurs étaient préparés d'avance dans une autre salle où l'on se passait également de domestiques. Les mets étaient exquis, dit une habituée de ces dîners, « mais tellement incendiaires que je crachais presque toujours le sang, quand je dînais chez Mirabeau ».

On comprend la pernicieuse influence qu'un tel régime dut exercer sur une santé déjà atteinte. D'autres plaisirs contribuèrent aussi à hâter le dénouement. Quoique aucune femme n'ait remplacé dans la vie de Mirabeau la marquise de Monnier et Mme de Nehra, il était comme son père d'un tempérament de feu, toujours porté aux entreprises amoureuses. Engagé avec Mme Le Jay dans une liaison d'amour et d'intérêt, il n'en soupirait pas moins aux pieds de Mme de Condorcet, il faisait une cour assidue à une cantatrice italienne; en sa qualité de membre du Comité des lettres de cachet, il délivrait et consolait de belles dames enfermées par leurs maris ou par leurs familles, il soupait avec des danseuses de l'Opéra.

D'après M. Lucas de Montigny, ce fut un de ces soupers qui hâta la crise suprême. Celle-ci ne dura que cinq jours, du 28 mars au 2 avril 1791. Elle fut si soudaine qu'une partie du public crut à un empoisonnement.

Ni les chirurgiens chargés par le tribunal de faire l'autopsie, ni Cabanis, le médecin et l'ami de Mirabeau, n'accueillirent cette supposition. Le monde médical accusa Cabanis d'avoir mal soigné son ami, mais déclara en même temps qu'il avait raison d'écarter toute idée d'empoisonnement.

Il semble que la crise finale ait été provoquée par une double maladie, par une péricardite d'origine rhumatismale et par une lithiase ou formation de calculs biliaires. Dès la fin de l'année 1789, la personne qui avait le mieux aimé et qui aurait le mieux soigné Mirabeau, Mme de Nehra, rentrant à Paris après une longue absence, avait été effrayée de l'altération de sa santé. Peut-être si elle fût restée auprès de lui, comme autrefois, s'il ne l'avait pas sacrifiée à des rivales indignes d'elle, aurait-elle pu prolonger une vie qui, dès ce moment-là, avait besoin de ménagements.

III

Les derniers moments de Mirabeau ont été
racontés par Cabanis et par le comte de la
Marck, qui tous deux y avaient assisté. Les
documents postérieurs n'ont ajouté que bien
peu de détails à ceux qu'ils nous donnent. Le
caractère méridional de Mirabeau et l'empreinte si sensible chez lui des traditions
romaines s'y retrouvent à un égal degré. Il
meurt dans une attitude théâtrale, en acteur
et en philosophe qui veut laisser aux témoins
de sa mort une grande image et un noble
souvenir. Dans les moments de répit, lorsque

ses cruelles douleurs diminuent, il s'exprime le sourire aux lèvres, avec la liberté d'esprit d'un Romain de Plutarque. Pendant deux heures il entretient Talleyrand qu'il remercie de lui apporter enfin une parole de réconciliation [1].

« On dit que la conversation est nuisible au malade; ce n'est pas celle-ci. On vivrait comme cela délicieusement entouré de ses amis, et même on y meurt très agréablement. »

Il y a comme une réminiscence du paganisme, un reflet de la poésie épicurienne des Latins dans ce qu'il dit à Cabanis : « Quand on en est là, il ne reste plus qu'une chose à faire, c'est de se parfumer, de se couronner de fleurs et de s'environner de musique, afin d'entrer agréablement dans le sommeil dont on ne se réveille plus ».

1. Nous l'avons déjà dit. Talleyrand ne voulut jamais pardonner à Mirabeau la publication de l'*Histoire secrète de la cour de Berlin* et ne consentit à se rapprocher de lui qu'à son lit de mort.

Cet épicurien est doublé d'un stoïcien. Après une vie si orageuse et si remplie d'écarts, il accepte la mort avec une tranquillité superbe sans l'ombre d'une inquiétude morale, sans aucune préoccupation de l'au delà. La culture païenne et la philosophie du xviii⁰ siècle ont déraciné en lui jusqu'aux derniers vestiges des croyances chrétiennes. Mourant il pense à l'heure présente, à cette gloire humaine qu'il a tant ambitionnée, non à l'éternité. Jusqu'au bout il veut jouer son rôle, émerveiller ses contemporains, exciter leur admiration par sa fermeté en face de la mort. « Eh bien, Monsieur le connaisseur en belles morts, dit-il à son ami La Marck, êtes-vous satisfait? »

En même temps il prépare pour la postérité des mots historiques qui se graveront dans les mémoires. « Sont-ce déjà les funérailles d'Achille? » demande-t-il en entendant pendant son agonie tirer des coups de canon.

« Je voudrais, dit-il à un de ses amis qui soutenait sa tête, te la laisser en héritage. » Il tient surtout à laisser à ceux qui l'entourent l'impression très nette de ce que la France perd en lui. « J'emporte avec moi, dit-il à Frochot, le deuil de la monarchie; après ma mort, les factieux s'en disputeront les lambeaux. »

CHAPITRE XIII

JUGEMENT FINAL.
L'HOMME, LE POLITIQUE, L'ORATEUR

I

Mirabeau mourant ne s'exagérait-il pas l'importance de son rôle? S'il eût vécu et s'il eût obtenu de la cour un appui plus énergique, aurait-il réussi à sauver la monarchie et la liberté? Nous aurait-il préservés de cette succession de dictatures sanglantes et de gouvernements sans caractère qui, en fatiguant le pays, l'ont jeté, pour notre malheur, entre les bras d'un général victorieux? Nul ne le sait. Quel dommage que la mort ait détruit sitôt, si brusquement, une organisation si puissante!

Assurément, il est difficile de supposer qu'un homme tout seul aurait changé le cours de la révolution. Mais quel homme que celui-là, combien supérieur à tous les autres! Comme il domine de haut ceux qui lui ont succédé! Pour trouver son égal, il faut aller jusqu'à Bonaparte.

S'ils s'étaient rencontrés, lequel des deux aurait supprimé l'autre? Dans quel duel terrible se seraient engagés ces deux représentants des races du Midi, tous deux si dépourvus de moralité, si indifférents au bien et au mal, si rapprochés par leur origine commune des enseignements de Machiavel!

Comparé à Mirabeau, Bonaparte a un immense avantage, la supériorité de l'action sur la parole. « Les actes sont des mâles, dit le proverbe espagnol, les paroles sont des femelles. » Né pour gouverner, admirablement propre à conduire et à dominer les hommes, Mirabeau n'a jamais eu entre les mains une parcelle de gouvernement!

Cela seul lui a manqué, mais cela seul est capital. Pour tout le reste il n'a de rival, ni parmi les orateurs ni parmi les théoriciens politiques de la révolution.

Lorsqu'on repasse par la pensée cette vie si courte de quarante-deux ans, on est effrayé de tout ce qu'elle contient d'activité et d'idées. Si la nature y est pour beaucoup, l'éducation y est aussi pour quelque chose. La forte intelligence de l'*Ami des hommes* a marqué de son empreinte ce jeune cerveau.

Mirabeau, qui s'est tant plaint de son père, qui l'a si souvent accusé, lui doit le meilleur instrument de sa vigueur intellectuelle, l'habitude du travail. Formé à cette rude école, il ne laisse échapper aucune occasion de s'instruire, il emmagasine dans sa mémoire des provisions solides qui y reposent en sûreté, qui reparaîtront plus tard au premier appel de sa volonté.

Non seulement il a lu tout ce qui est écrit, il a dévoré plusieurs bibliothèques dans ses études de jeunesse et dans ses longues heures d'emprisonnement, mais il connaît les hommes aussi bien que les livres, toutes les classes d'hommes, depuis les plus grands jusqu'aux plus humbles.

Sa naissance et sa vie d'aventures l'ont mêlé aux mondes les plus différents. C'est un aventurier, mais un aventurier de race. Il a été capitaine de dragons, il a frayé à Versailles avec les plus grands seigneurs de France, parmi lesquels il retrouvait des parents ou des alliés, il a causé avec Frédéric II, il a été présenté à l'élite de la société anglaise; avant même qu'il fût élu aux États généraux, des ministres ont compté avec lui, redouté l'influence de sa parole et de sa plume.

Pendant que sa qualité de gentilhomme et son génie le mettaient de pair avec les personnages les plus considérables, ses désordres et ses dettes le rabaissaient au niveau des plus petits. Les usuriers, les prêteurs sur gages, les limiers de police, les déclassés, les besogneux, les imprimeurs clandestins, les auteurs d'écrits anonymes, les pamphlétaires masqués l'ont eu pour victime, pour collaborateur ou pour complice.

Ballotté du sommet aux bas-fonds de la société, il a enfin connu le peuple, le vrai peuple, au moment de ses premiers succès oratoires devant le parlement d'Aix. Depuis lors, il a savouré toutes les ivresses de la popularité. Ce prisonnier des châteaux d'If, de Joux, de Vincennes, cet ancien condamné à mort, a été porté en triomphe dans les villes de Provence. Ce nom de ses ancêtres qu'on l'accusait d'avoir flétri, il l'a couvert de gloire et inscrit parmi les plus grands.

Sa renommée a pénétré dans les plus petits hameaux de France, dans tous les pays étrangers. Partout où on parle de la révolution, on parle de lui; pour beaucoup même il en est l'unique représentant, il la résume et il la personnifie. Entré dans l'assemblée en suspect, accueilli par des murmures, il l'a dominée par son éloquence, il a fini par en devenir le président, et, après avoir forcé tous les partis à s'incliner devant son génie, il y est mort en triomphateur.

Dans cette ville de Paris où, deux ans auparavant, un de ses livres était brûlé par la main du bourreau, il a vu se préparer, avant qu'il eût rendu le dernier soupir, l'apothéose qui l'attendait; le bruit de la foule anxieuse qui se pressait autour de son hôtel dans la rue de la Chaussée-d'Antin est arrivé jusqu'à son lit de mort; il a su que les députations se succédaient à sa porte et que déjà les théâtres se fermaient en signe de deuil, comme pour lui donner un dernier témoignage de la sympathie publique.

Le surlendemain, la population tout entière lui faisait des funérailles splendides; avec une pompe extraordinaire, aux sons d'une musique funèbre, par de longs détours à travers les rues populeuses, on transportait solennellement ses restes à l'église Sainte-Geneviève, qu'une loi spéciale affectait désormais à la sépulture des grands hommes.

L'émotion et l'admiration universelle étouffaient jusqu'au souvenir des anciennes discordes, des rancunes d'autrefois. Royalistes et révolutionnaires obéissaient au même sentiment, éprouvaient et exprimaient la même douleur. Presque tous étaient d'accord pour comprendre et pour regretter ce que la France perdait à la mort d'un tel homme.

II

Je connais bien le revers de la médaille, je
sais bien tout ce qu'on peut dire, j'ai dit moi-
même sans ménagement ce que je pensais du
caractère de l'homme, je n'ai dissimulé ni son
immoralité, ni sa vénalité, ni sa duplicité.
Vivre aux dépens d'une femme, d'un banquier, d'un ministre, écrire des libelles contre
son père au profit d'une mère dont il connaît
les torts et la honte, présider la Société des
jacobins, y couvrir de fleurs les Lameth, et
en même temps les dénoncer à la cour, être à
la fois le chef le plus ardent du parti populaire

et le conseiller salarié de la reine [1], voilà des actes qui ne lui coûtent à accomplir ni un scrupule ni un remords.

Machiavel aurait reconnu en lui une âme italienne avec des profondeurs insondables de corruption et d'astuce.

Mais dans cette dépravation quelle part ne faut-il pas faire au siècle, à la race, à la famille! Regardons autour de Mirabeau et voyons que vaut la moralité de ses contemporains les plus célèbres. Croit-on, par hasard,

1. Un des hommes qui l'ont le mieux connu et qui ont eu longtemps pour lui le plus de sympathie, Camille Desmoulins, fait de lui ce portrait charmant et vrai : « Tout observateur attentif, en considérant les intelligences que Mirabeau avait dans tous les partis, et les espérances que fondaient sur lui tant de gens marchant en sens contraire, ne pourra comparer Mirabeau qu'à cette joyeuse coquette dont j'ai vu quelque part le portrait : attentive à la fois à tenir son jeu et à occuper ses amants, elle a ses deux pieds sous la table posés sur ceux de ses voisins et tourne ses regards languissamment vers le troisième, en sorte que tous jouissent d'une préférence qu'ils regardent comme unique. Chacun des trois rit des deux autres et les prend pour dupes; ce qui n'empêche pas la belle de prendre du tabac d'un quatrième près d'elle, d'appuyer ses doigts dans sa tabatière incessamment et longtemps, et de serrer la main d'un cinquième sous prétexte de voir sa manchette de point. »

que les âmes de Camille Desmoulins, de Danton, de Sieyès, de Talleyrand, fussent plus pures que la sienne?

Quels exemples, d'autre part, n'a-t-il pas reçus dans sa famille? Il a vu son père vivre avec une concubine, sa mère publier ses adultères et les attester par écrit, une de ses sœurs courir les grands chemins avec un chevalier d'industrie. Quelle discipline morale, quel frein lui a-t-on imposé?

Et cependant l'hérédité qui le déprave par certains côtés le relève par d'autres. Son père a déposé en lui, avec la passion du travail, le germe des sentiments les plus nobles, l'amour de l'humanité, la passion de la justice, une pitié profonde pour ceux qui souffrent, un désir ardent de soulager leurs souffrances.

Personne n'a été plus pénétré que Mirabeau de l'esprit de la révolution, personne n'a applaudi de meilleur cœur à l'abolition des privilèges, à l'établissement de la liberté civile et religieuse, au triomphe de l'égalité.

Sur ces points décisifs, sur ces victoires qu'il considère comme définitives, on ne trouve chez lui ni une hésitation ni une dissonance. Il le répète à satiété dans les mémoires qu'il adresse à la cour.

Il tient à ne laisser aucune illusion aux esprits que pourrait hanter le regret de l'ancien régime, de cet ancien régime qu'il a vu de près, dont il a connu les iniquités! On ne reviendra pas à la féodalité, aux exemptions pécuniaires, aux droits particuliers des possesseurs de fiefs, à la distinction des ordres. Toutes les inégalités qu'il a si souvent dénoncées et maudites sont emportées désormais dans le torrent révolutionnaire. Aucune puissance humaine ne les ramènera.

On rencontre ici la limite certaine de la vénalité de Mirabeau. Il aimait l'argent, il en avait besoin; mais il n'aurait jamais consenti, pour en recevoir, à abandonner les principes, ce qu'il appelle lui-même les bienfaits de la révolution. La Fayette, qui le jugeait sévèrement, lui rend à cet égard un témoignage formel. « Mirabeau, dit-il dans ses *Mémoires*, n'était pas inaccessible à l'argent, mais pour aucune somme il n'aurait soutenu une opinion qui eût détruit la liberté et déshonoré son esprit ».

La générosité des sentiments de Mirabeau n'avait pas seulement un caractère général et philosophique, elle ne s'appliquait pas uniquement à l'ensemble de l'humanité. Il était capable d'aimer, de donner à ceux qui l'aimaient des preuves d'attachement et de dévoûment. Malgré la fougue et la mobilité de sa nature, il avait le cœur bon. On ne faisait pas inutilement appel à sa sensibilité. Embarrassé de tout temps dans ses affaires, il augmenta souvent ses embarras pour obliger les autres.

Quoiqu'il ne fût pas toujours exempt de torts à leur égard, il mérita d'avoir, et il eut des amis admirables. L'affection qu'il sut inspirer à Mme de Nehra, au comte de la Marck, à Cabanis, à Frochot, défendent sa mémoire.

Dans sa jeunesse, avec sa tête énorme et sa figure couturée par la petite vérole, il n'en fut pas moins un charmeur. Il le demeura jusqu'au bout. Ceux qui vivaient auprès de lui reconnaissent tous l'agrément de son commerce, la grâce et la séduction de ses manières, tous l'aimaient, tous le pleurèrent; l'un d'eux, le jeune de Comps, voulut se tuer sur son corps.

III

Ces traits de caractère ont leur prix. Mais
ce qui intéresse la postérité, c'est surtout la
valeur des œuvres. Que reste-t-il de cette
merveilleuse éloquence?

Après qu'un siècle a passé sur les discours
de Mirabeau, maintenant qu'on n'entend plus
son organe sonore, sa voix forte et nuancée,
ses accents profonds; qu'on n'a plus sous les
yeux ce corps immobile [1], ce geste rare, mais

1. Mirabeau ne faisait pas beaucoup de gestes à la tribune; il agissait surtout par l'expression des regards et
par les mouvements de la tête. « Au milieu de l'effroyable
désordre d'une séance, je l'ai vu, dit Chateaubriand, som-
bre, laid et immobile; il rappelait le chaos de Milton. »

superbe, ce masque tourmenté et imposant où se concentrait la vie, où se succédait avec une vivacité méridionale l'expression des passions les plus diverses, que personne même ne peut plus nous en rendre à distance le prodigieux effet, les paroles qui ont si souvent passionné l'Assemblée constituante nous émeuvent-elles encore, quoique refroidies pour toujours et fixées sur le papier?

Il serait exagéré de dire qu'elles n'ont rien perdu, que le temps ne leur a rien enlevé. Quelquefois le ton déclamatoire a vieilli, l'emphase méridionale nous donne le sentiment du vide; les expressions paraissent plus fortes ou plus pompeuses que ne le comporterait la simplicité du sujet.

Mais l'ensemble demeure intact; la belle ordonnance de la composition, la proportion des parties, la gradation des mouvements oratoires, la chaleur répandue partout, l'émotion grandissante, échauffent le lecteur comme elles entraînaient autrefois les applaudissements

des auditeurs. On subit la contagion de l'éloquence, on repasse par les impressions
qu'éprouvait dans l'assemblée le public des
tribunes; comme lui, on serait tenté d'accla-
mer et d'applaudir encore l'orateur.

A d'autres moments, les discours de Mirabeau produisent une impression différente,
moins oratoire, plus calme et plus profonde.
Nous sommes tout à coup frappés par l'abondance des vues, par la vigueur extraordinaire
et le relief de la pensée.

Nous admirions un merveilleux artiste;
c'est maintenant le penseur, le philosophe, le
politique qui nous force à rentrer en nous-
mêmes, à considérer les événements comme
faisant partie de la chaîne de l'histoire, avec
les signes précurseurs qui les annoncent et
les conséquences inévitables qui en sortent.

Tout cela est dit en général dans une langue
très supérieure à la langue parlementaire.
Mirabeau, qui a écrit ses plaidoiries d'Aix et
tous ses premiers discours, garda jusqu'au

bout, même dans ses improvisations les plus véhémentes, le souci de la forme.

Les leçons de son précepteur Poisson, bon humaniste, et la lecture des auteurs anciens avaient laissé dans son esprit des traces profondes. Toutes ses œuvres portent l'empreinte de la culture classique ; même lorsqu'il se sert, comme cela lui arrive si souvent, de travaux écrits par d'autres, il y met la marque de son esprit, il y donne un tour élégant et littéraire par le choix, par la propriété des expressions.

Ses manuscrits surchargés de ratures indiquent qu'il ne se contente pas du premier jet, qu'il a la volonté et l'espoir d'atteindre la perfection. Il conduit sa phrase à la façon des Latins, tantôt avec une ampleur soutenue, tantôt avec une brièveté et une concision énergiques. Ces procédés de style, déjà sensibles dans les discours écrits, s'accusent davantage encore dans la dernière de ses œuvres, dans les mémoires adressés à la cour.

Depuis Montesquieu et depuis Rousseau,

personne n'a parlé la langue de la politique avec autant de fermeté. Un certain nombre de pensées y sont frappées avec la netteté de contours d'une médaille romaine. On dirait du César ou du Salluste. On peut contester çà et là les idées et les conclusions de l'auteur; personne ne méconnaîtra ni la vigueur de son intelligence, ni la mâle beauté de son langage.

Lorsque Mirabeau, qui prenait encore la parole dans l'assemblée le 27 mars, fut foudroyé le 2 avril 1791, la France perdait non seulement son plus grand orateur, mais un de ses écrivains les plus hardis et les plus puissants. Il mourait en pleine possession de toutes ses facultés, en plein progrès sur lui-même, de plus en plus sévère dans le choix de ses pensées et de ses expressions, comme s'il voulait laisser à la postérité dans son dernier écrit l'image la plus fidèle et la plus achevée de son brillant génie.

FIN

TABLE DES MATIÈRES

CHAPITRE VII

CHAPITRE VIII

CHAPITRE IX

CHAPITRE X

CHAPITRE XI

CHAPITRE XII

CHAPITRE XIII

COULOMMIERS. — Imp. P. BRODARD.